JN005423

テンパリさんの仕事術

ミスなし
ムダなし
残業なし
に変わる！

MARIKO SUZUKI
鈴木 真理子

青春出版社

はじめに

あなたは仕事でこんな経験がありませんか？

・遅刻しそうになって、間に合わなかったらどうしようと、テンパった。
・締め切り間際になって、大事な仕事をやっていないことに気づき、テンパった。
・忙しい時に、上司から「至急頼むよ」と仕事を指示されて、テンパった。
・思わぬミスをしてしまい、謝ったりやり直したりして、テンパった。

きっとどなたでも、テンパったことがあるのではないでしょうか。

この本では、テンパった経験がある人を「テンパリさん」と名づけました。そして世の中に大勢いる「テンパリさん」を救うために、「絶対にテンパらない人は、何をしているのか？」という極意をお伝えします。仕事のやり方をたった1％見直し、ほんのちょっとの前準備をするだけで、どなたでもテンパリさんを卒業できるのです。

落ち着いて仕事をしてミスがなく、上司や同僚、お客様から信頼される。残業せずに定時で退社し、プライベートな時間はやりたいことができる。そんな満ち足りた毎日が送れたら、なんて素敵なことでしょう。

著者の私はビジネスコンサルタントとして、仕事術を教える研修やセミナーをしたり、ビジネス書を執筆したりしています。日頃から大勢のテンパリさんたちに会い、悩みを聞いたり相談に乗ったりもしています。

かくいう私もこれまで数えきれないほどテンパってきたからこそ、秘策を生み出すことができました。「みんなスタートラインは一緒なんだ」と安心してください。

これから3人の登場人物が現れます。

まずは、「テンパリくん」と「テンパリちゃん」。その名のとおりテンパっている2人の仕事ぶりは、他人事と思えません。2人にアドバイスするのは、謎の人物「すずまりセンパイ」。小迎裕美子さんのイラストとともに3人のエピソードと、レクチャーが交互に展開しますので、楽しみながらページをめくってください。

さあ、いよいよ3人のドタバタ劇の幕開けです。あなたも必ずや「ミスなし、ムダなし、残業なし」に変われます！　あなたが本来もっている自分の力を存分に発揮するために、テンパらないための仕事術を手に入れてください。

「ミスなし、ムダなし、残業なし」に変わる！「テンパリさん」の仕事術　－目次－

はじめに …3

登場人物紹介 …12

第1章
テンパるのにはワケがある！

≫プロローグ——あなたも私も「テンパリさん」!? …14

「テンパる」って、どういう状態？ …16

あなたのテンパリ度は？「テンパリ度チェックシート」 …17

Aカテゴリーのチェックが多い人……物事を効率的に進める手順がおろそかな「段取り下手」タイプ …20

Bカテゴリーのチェックが多い人……ミスをすることでテンパってしまう「ミス」タイプ …21

Cカテゴリーのチェックが多い人……仕事量に対して時間が足りない「時間不足」タイプ …22

Dカテゴリーのチェックが多い人……周囲との連携が十分でない「コミュニケーション不足」タイプ …23

私たちはテンパらされている!? …26

テンパリの背景❶ 働き方は「野球型」から「サッカー型」へ …27

テンパリの背景❷ AIの進化でテンパリが増える？ …27

テンパリの背景❸ 担当業務がどんどん高度に …28
テンパリの背景❹ メンバーシップ型雇用もテンパリを生んでいる …29
テンパるのに性格やキャリアは関係ない！ …30
まずは自分のテンパリ傾向をチェック！ …31

第2章 あなたがテンパるのはどんなとき？

プライベートを犠牲にしてはいけない！ …36
テンパることで生じる3つの悪影響 …38
まずはテンパったら記録する！「テンパリカレンダー」のすすめ …40
ポイント あなたのテンパリ傾向を分析 …42
テンパリさんのための「なぜなぜ分析」 …42
「テンパリ予報」を立てて、先読み力を鍛える …44
思わぬところにある「テンパリ」の本当の原因 …48

第3章 テンパった自分を救う！「段取り力」

目の前の仕事を片づけるのもいいけれど …52

そもそも「段取り」とは何か …54

「ＴｏＤｏリスト」はなぜ必要？ …55

やることを箇条書きするだけではない「戦略的ＴｏＤｏ」 …56

優先順位は「緊急度」と「重要度」で考える …59

ポイント1 「重要度が低く、緊急度が高い仕事」に振り回されない …60

ポイント2 テンパらない人は「緊急の仕事」を減らしている！ …62

ポイント3 2つ仕事が重なったら、どちらを優先するべき？ …64

ムダ・ムラ・ムリをなくす「ダラリの法則」 …66

時間に余裕があるときの仕込みでテンパリ回避 …68

テンパリは出世にも影響する！ …69

仕事は2軸で考える …71

はじめから段取りがよくなくたっていい！ …74

第4章

効果テキメン！　テンパリを未然に防ぐ「仕事のワザ」

≫書類が全然見つからない！ …78

日頃から当たり前のことをきっちりできる人になる …80

テンパらない人ほど「5S」を徹底している …81

整理　不要なモノからテンパリが生まれる …82

不要なモノはこの3つ！／パソコンも整理

整頓　必要なモノをすぐ取り出せたらテンパらない …87

退社時のデスクの上はすっきり

職場マニュアルをアレンジした「自分マニュアル」を作る …91

記憶に頼らず記録する手帳術 …94

伝言メモ　「読む」のではなく「見る」メモに …95

付せん活用　上司へのお願いごとは付せんが便利 …97

打ち合わせ・商談時の準備　記憶がよみがえりやすいメモの取り方 …98

メールのミスなしテクニックを習得せよ …99

スキマ時間にやることを決めておく …101

≫ミスが教えてくれること …103

第5章
たちまちテンパらない人に変わる「時短テクニック」

≫どんな仕事も全力投球！ 本当にそれでいい？ …108

「80点主義」こそ、本当のデキる人 …110

投入時間を先に決める …112

議事録 ／ 社内会議用資料 ／ 日報

新入社員や異動、転職してきた人向け テンパりにくくする3つのコツ …117

超重要！ 社内メールこそ時短しよう …119

納期を前倒しで進める「My締切」 …125

時間がかかる案件は「スモールステップ」で進める …127

仕事を〝グループ化〟すると効率アップ …128

定型業務をスピードアップする裏ワザ …130

メールのToDo ／ 単語登録 ／ 署名 ／ 電話をかける前に ／

PCのショートカット ／ 音声入力

スムーズな日程調整のテクニック …139

これまでのやり方を変えてもOK …140

≫仕事の目的をつかめば、時短の道が開けてくる …142

第6章 仕事の抱え込みをなくす「コミュニケーション術」

≫職場の無茶ぶりにどう対応すればいい？ …146
こまめな状況報告がテンパリを防いでくれる …148
中間報告を挟む上手な「報・連・相」 …149
テンパリさんにおすすめしたい中間報告のタイミング …152
自分都合で周囲を振り回さないためには、何をする？ …153
仕事を振られても「ＮＯ」と言うべきときとは …154
「自分がやったほうが早い」はＮＧ …156
互いの弱みを補完し合えば、頼みやすい …158
生産性がグンと向上する指示出し、お願いの仕方 …160
テンパリさんこそ「お手伝い」をすべき理由 …163
仕事がしやすいチームになると、テンパりにくくなる …164
≫テンパリさんの救世主は「ホウレンソウ」!? …166

第7章

テンパった心を整える「メンタル」の習慣

ワザを磨くだけでは「テンパリ」は防げない!? …170
テンパらない人なんていない …172
狭まった視野が広がる「座右の銘」 …172
焦った心を落ち着けるには、まずこれをやる …175
テンパる自分を客観視できる効果的な手法 …177
メンタル面にも効果がある「仕事のワザ」 …178
気持ちの切り替えが上手になるコツ …179
テンパってもただでは起きない …180
だれかと比べてしまう自分を変えるために …182
AI時代を生き抜くために最も大切なこと …183

エピローグ――「心・技・体」を鍛えて、サラバ「テンパリさん」！ …185

おわりに …188

本文イラスト／小迎裕美子
本文デザイン・図表作成／青木佐和子
編集協力／樋口由夏

登場人物紹介

すずまりセンパイ（年齢不詳）

仕事が速く的確で、しっかり定時にあがるベテラン社員。部長も一目置く存在で、後輩の面倒見もいい完璧なセンパイ（実は“影の部長”と呼ばれている）。テンパリくんとテンパリちゃんのハラハラする仕事ぶりを案じ、ひそかに2人の様子を観察。さりげなく昭和なネタをぶっ込み、2人の反応を楽しんでいる。

テンパリちゃん（32歳）

総務部にいる中堅社員。やる気はあるが、空回りしがち。八方美人のせいか、何でも引き受け、どの仕事から手をつけたらいいのかわからなくなることも。整理整頓が苦手で、机の上は書類やファイルで混沌とした状態。せわしなく探し物をするテンパリ姿が日常茶飯事。

テンパリくん（25歳）

入社３年目、営業部のさわやか男子。仕事はきっちり、着実に進める真面目な性格だが、なぜかいつも残業しがちで、急な仕事の依頼などが入るたびにテンパリ、ミスを連発している。

第1章

テンパるのにはワケがある！

プロローグ——あなたも私も「テンパリさん」⁉

今日はお天気に恵まれて、気持ちのよい朝を迎えました。午前10時、ここはアオハル社のオフィス。いつもは静かで穏やかな雰囲気ですが、エレベーター付近では、なにやら騒がしい声が聞こえてきます。

ちょっと待って～。

社内の廊下をダッシュして、エレベーターに駆け込もうとしたのは、テンパリちゃん。閉まりかけたエレベーターのボタンを何度も押して、乗り込んできました。「ギリセーフ」と言いながら、ほっとした表情を浮かべるテンパリちゃんに、背後から話しかけたのは……。

朝から気持ちのいい元気のよさね。

すずまりセンパイ！
恥ずかしいところを見られちゃいましたね……。

とっても急いでいるようだったけど、どうかしたの？

実は取引先に見積書を送ったんですが、金額を1桁間違えちゃって。正しく作り直した見積書をこれから届けに行くんです。だから朝からテンパっちゃって。

それはお気の毒さま。だけど、テンパった原因はミスしたからよ。

2人のやりとりを聞いて、おそるおそる声をかけてきた男性がいます。

あのー、ボクもしょっちゅうテンパるんです。この前は課長から頼まれた資料を作っていたら、お客様からのクレーム対応に追われ、課長から「資料はいつになりそう？」って催促されたので急いで資料を作成しなきゃと思っていたら、また電話対応が入って、予定していた打ち合わせにも遅れて、もうテンパりまくりでした。

3人の出会いはこの瞬間。これから、すずまりセンパイが、テンパリくんとテンパリちゃんに、テンパらなくなる仕事術を伝授します。読者の皆さんも、ぜひおつきあいくださいね。

「テンパる」って、どういう状態？

「急な仕事が入ってテンパっちゃって……」
「いきなり1人で仕事を任されて、テンパって頭が真っ白になっちゃったよ」

テンパリくん、テンパリちゃんを自覚しているあなたならこの気持ち、よくわかりますよね。**このように「テンパる」とは、気持ちに余裕がなくなって思考力が低下したり、焦りや緊張でいっぱいいっぱいになってしまったりしたとき**に使う言葉です。

私たちが常日頃から使っているこの「テンパる」の本来の意味は、麻雀用語の聴牌《テンパイ》からきているって、知っていましたか？

麻雀をやる人ならよくわかると思いますが、聴牌とはあと1個必要なパイが来れば上がれる状態になること。ここから「準備万端、用意が整っていつでも対応できる状態」という意味になりましたが、それが現在は本来の意味では使われなくなり、（あと1個で上がれるとソワソワして）心の余裕がない状態、ちょっとしたパニックになっているというような状態を表す言葉として一般的に使われるようになりました。

この本では、仕事の上で、そんな〝ちょっとしたパニック状態〟に陥らないようにするための方法をたくさん紹介していきます。

本来の「テンパる」の意味って、余裕があってすごくいいですよね。本書を読み、実践することで「〝本来のテンパる〟＝余裕がある、準備万端」状態にだれでもなれるのです。

そう、「テンパる」って決して欠点ではありません！　テンパる人は、のびしろがある人、**これからもっとよくなる可能性を秘めた人なのですよ。**

あなたのテンパリ度は？「テンパリ度チェックシート」

まず、18ページのチェックシートであなたのテンパリ度をチェックしてみましょう。

チェックが多くついた人ほど、テンパリ度は高くなります。

さらに、あなたがこれまでにどんな場面でどんなときにテンパることが多かったかによって、4つのテンパリタイプに分けました。20ページからの解説と合わせて確認してみてください。

テンパリ度チェックシート

あなたは、これまでどんなときにテンパりましたか？　当てはまるものすべてに✔を入れてください。

テンパリチェック			
A	1	次々にやるべきことが発生してテンパったことがある	□
	2	急に仕事を振られてテンパったことがある	□
	3	メールやチャットが大量に届き、さばくのにテンパったことがある	□
	4	遅刻しそうになってテンパったことがある	□
B	5	やってはいけないミスをしてテンパったことがある	□
	6	ミスのリカバリーで手間どり、テンパったことがある	□
	7	依頼された仕事を忘れていてテンパったことがある	□
	8	忘れ物をしてテンパったことがある	□
C	9	締め切りや納期に遅れそうになってテンパったことがある	□
	10	期日までに仕事が終わらなくてテンパったことがある	□
	11	頼まれた仕事にまで手が回らずテンパったことがある	□
	12	プライベートな予定があり、早く帰りたくてテンパったことがある	□
D	13	仕事を抱えすぎてテンパったことがある	□
	14	同僚に手伝ってもらいたいのに断られてテンパったことがある	□
	15	急かされてテンパったことがある	□
	16	上司がいると思ったら不在の日でテンパったことがある	□

合計　　／16

診断結果

テンパリ度

✔のついた数	診断結果とアドバイス
11～16	あなたは**「テンパリさん」**です。 でも諦めないでください。 今こそ仕事のやり方を見直すチャンス！ 本書を読んで、テンパらない毎日を手に入れましょう。
5～10	あなたは**「ときどきテンパリさん」**です。 いつでも落ち着いて仕事ができるよう、 弱い部分を補強していきましょう。
0～4	あなたは**「あまりテンパらない人」**です。 この調子でいきましょう。ただ油断は禁物。 環境が変わったときに備えて、今いちど基本をおさらいし、 さらなるレベルアップを目指しましょう。

テンパリタイプ

Aカテゴリーの✔が多い人	あなたは物事を効率的に進める手順が おろそかになりがちな **「段取り下手」タイプ**です。
Bカテゴリーの✔が多い人	あなたはミスをすることでテンパってしまう **「ミス」タイプ**です。
Cカテゴリーの✔が多い人	あなたは仕事量に対して時間が足りない **「時間不足」タイプ**です。
Dカテゴリーの✔が多い人	あなたは周囲との連携が十分に取れていない **「コミュニケーション不足」タイプ**です。

1

Aカテゴリーのチェックが多い人……

物事を効率的に進める手順がおろそかな「段取り下手」タイプ

一言でいえば、ギリギリドタバタ系。効率的にできる手順を考えず、**行き当たりばったりでやってしまうためにテンパる**タイプです。

ゴールから逆算してスケジュールを立てていないので、当日ギリギリになって準備をするから慌てるし、モレやミスも出てきます。

たとえば会議があればみんな予定に入れますよね。でも、テンパる人は、会議当日までに何をするかというタスクまでは書いていないのです。

また、頭が真っ白になってしまうタイプの特徴として、「リハーサルをしていない」ということが挙げられます。段取り＝手順、順序なので、リハーサルが大事です。何ごともそうですが、リハーサルをすると確実に成功の確率がアップします。もちろん、頭のなかで行うだけでも十分効果アリ、です。

仕事をしていれば、電車の事故で遅れる、自分や家族が病気になるなど、想定外のことは必ず起きます。出社できなければリモートで対応する、万が一のときのために同僚にあらかじめ資料の場所を伝えておくなど、いざというときの対策や代替案を頭に入れておくだけでも、テンパらずに済みます。

↓具体的な方法は第3章51ページへ！

2

ミスをすることでテンパってしまう「ミス」タイプ

Bカテゴリーのチェックが多い人……

「ミス」をしてテンパるのは、自虐&空回りタイプといえます。

ミスをすると、そのリカバリーに追われます。**つまり、自分で自分の仕事を増やしてしまうことになる**のです。

慌てて仕事をしてセルフチェックをしていない。セルフチェックをしても見落としてしまう……そんな人は、そのセルフチェックが形骸化しているのかもしれません。

人間ですからミスはあります。でも、「いつものことだから、まぁ、こんなもんでしょう」というようなチェックの仕方では、ミスの発生は増えるでしょう。

小さなミス1つでも、関係各所に謝ったり、やり直したり、仕事はどんどん増えていきます。クレームに発展して大ごとになれば、さらに収束までに時間がかかってしまいます。

ミスはテンパる原因のうち、大きなもの。ミスをするからテンパる、テンパるからミスをする、この悪循環に陥らないためにも、セルフチェックと仕組みづくりをきっちりしておきましょう。

↓具体的な方法は第4章77ページへ！

3

Cカテゴリーのチェックが多い人……

仕事量に対して時間が足りない「時間不足」タイプ

もっとも多いのがこのタイプ。仕事を時間内にこなせないためにテンパるタイプです。仕事量に対して時間が足りない、でもやらなきゃいけない。そんなの無理、無理！

　でも、上司はできると思うからその仕事を与えているのです。では、どうやって仕事をこなせばいいのでしょうか。

　もしかすると、**余計なことに時間をかけてしまっているのかもしれません。**労働生産性とは、分母が時間で分子が成果です。つまり、限られた時間のなかでどれだけ成果を上げられるかなのです。投入できる時間を考えず、仕事が終わるまで時間をかけ続けることではありません。

ちょっと自分の仕事を振り返ってみてください。

社内会議なのに、凝りに凝った見栄え重視のパワポ資料を作っていませんか。以前聞いた話ですが、上司に待ち合わせ場所を知らせるとき、パワポで地図を手作りして渡した人がいたそうです。また、完璧主義で、誤字脱字を再三チェックしたりしていませんか。メールが丁寧なのはいいけれど、馬鹿丁寧になっていませんか。無駄だと知りつつも、前任者のやり方をまともに踏襲《とうしゅう》していませんか。

前例にならうよりも、改善してこそ評価されます。また、気が利くことと余計なお世話は紙一重です。やらなくていいことまでやってしまうと、自分の首を絞めることになってしまいますよ。

⬇具体的な方法は第5章107ページへ！

4

Dカテゴリーのチェックが多い人……

周囲との連携が十分でない「コミュニケーション不足」タイプ

周りとのコミュニケーションが不十分なためにテンパるタイプです。

具体的には**「報連相」（報告、連絡、相談）をほとんどしない**のです。

特に自分の予定や抱えている仕事を、ほかの人に伝えていないケースはとても多いです。そうなると、自分の状況を理解してもらえないため、どんどん仕事を頼まれてしまうことがあります。

逆に、上司や同僚など、ほかの人が何をしているのかわからないため、相手のスケジュールや状況を考慮せずに仕事をしてしまい、自分で自分の予定を狂わせてしまうこともあります。

私も20代の頃やっていました。締め切りギリギリに書類を作り、上司にその場でチェックしてもらおうと思っていたら、「上司がいない！」。当然、提出は遅れてしまいました。

相手の仕事が見えないために、出張中の上司に電話したり、ガンガンメールの添付を送りつけたりして、「すぐ見てください」と言う人もいます。かつての私がそうだったのですが、これは大迷惑です。挙句の果てに「なんですぐ見てくれないんですか！」などと自分の都合で相手を責めたりして（笑）。

また、**責任感が強く、１人で仕事を抱え込む人もこのタイプのテンパリさんです。**何か仕事を頼まれたとき、ＮＯと言えず、「助けて」「手伝って」と言えない。

コミュニケーション不足の１つの解決策として、私は雑談をおすすめしています。雑談は仕事のことに限りません。雑談をすると、その人となりがわかります。秘密主義では損をすることが多いのです。

たとえば「週末何しているの？」と聞いたら「別に……」「特になにも」と答える人が各社にいます。「別に」くん、「特になにも」ちゃんのように、「（プライベートなことは）関係ないっす！」「言いたくないです」という人もいますが、そういう人は困ったときに自分から「助けて」と言いにくいですし、こちらも助けてあげにくくなります。

特にテレワークを実践している職場では、直接顔を合わせないからこそ、コミュニケーションが大切になってくるでしょう。できる範囲でよいので、自分をオープンにしてみませんか？

どんな働き方にせよ、せめて自分が今どんな仕事をしていて、相手がどんな仕事をしているのかくらいは、分かり合っているような関係性を築いておきましょう。

↓具体的な方法は第6章145ページへ！

私たちはテンパらされている!?

今も昔もテンパリさんはいました。でも、なんだか最近テンパリさんが増えているように見えるのは、それなりの理由があります。

その理由は働き方改革です。これによって時間外労働の上限が決められ、残業を減らす取り組みがされるようになりました。「残業するな」と言われる職場も多いでしょう。でも、残業するなと言われても、仕事量が減っているわけじゃない。だから時間に追われるように仕事をする人が増えているのです。

残業しないよう、強制的に電気が消されてしまう職場もあります。でも、テンパリさんは〝マイライト〟を持っていて、手元を照らして仕事をするケースも。また、ある会社では消灯後、みんなノート型パソコンを持って近くのカフェで仕事をするそうです。

テレワークもある面ではテンパリさんを増やしている一因になっています。上司に遠慮して質問できなかったり、家事をしつつテンパりながら仕事をしたり、人目がない分、気づくとダラダラ家で仕事をしてしまったり。通勤時間がなくなったとはいえ、仕事自体が減っているわけではないのです。

働き方改革は、日本の労働生産性を上げる取り組みです。その一方で、これまでは時間をかけていた仕事を時短でやらなければならなくなりました。つまり、**短時間で高品質の仕事を求められるようになってしまったのです。**

以下、テンパリさんが生まれる背景を4つのポイントにまとめたものを紹介します。

テンパリの背景❶ 働き方は「野球型」から「サッカー型」へ

ビジネスパーソンには2通りの働き方があります。それが野球型とサッカー型。

これまでの働き方の多くは、時間制限なしで仕事が終わるまで続ける、延長ありの野球型でした。それに対して、前半・後半計90分間試合をして、限られた時間のなかで得点を競うのがサッカー型。今求められているのは、まさにサッカー型の働き方です。

定時が18時の職場なら、18時までにゴールを決めて今日の仕事をやり切ること。これからは、働き方をサッカー型にシフトしていく必要があります。

テンパリの背景❷ ＡＩの進化でテンパリが増える？

ＩＣＴ（情報通信技術）化やＡＩ（人工知能）の進化によって、ラクになった仕事がある反面、人が担う仕事はどんどん高度化、煩雑《はんざつ》化していき、その業務量は確実に増えています。その増えた業務のしわ寄せが、若手社員やアシスタントに集中することもあります。

さらに今はデジタル化への過渡期です。ＡＩの導入によって、単純な事務仕事の約５割は、ＡＩに取って代わられるといわれています。だからこそ、人が担う仕事の重要性は高まってくるともいえ、人はワンランク上の仕事を任されるようになっていきます。これがただでさえ慣れない、突発事項に弱いテンパリさんを惑わせるのです。

テンパリの背景❸ 担当業務がどんどん高度に

前項とも関連しますが、役割の高度化が求められるようになっています。

これまでは総合職と一般職・業務職というように、入口が分かれていた企業が多くありました。あらかじめ業務範囲や役割分担が決められていたのです。ところが、環境変化に伴い、企業は生き残りをかけて役割を高度化しています。

総合職は未開拓の分野にチャレンジすることを求められるようになってきています。総合職が行っていた業務は、一般職や業務職も担うようになってきました。

たとえば営業なら、これまで一般職は営業アシスタントとして総合職から指示されたことや定型業務を行っていればよかったのが、これからは社用車を運転して契約を取ってきなさい、と言われることもあるということです。

今まで一般職がやっていた仕事は、有能な派遣社員やパートタイマーなどの非正規社員がやるようになる。近年では、一般職や業務職をなくして社員は全員総合職、アシスタント職は非正規社員に、という企業もあります。こんなふうに求められるものがどんどん高度化すれば、テンパリ率もアップしてしまいます。

テンパリの背景④ メンバーシップ型雇用もテンパリを生んでいる

欧米のジョブ型雇用に対し、日本では定期的な人事異動があるメンバーシップ型雇用を採用している企業が多いものです。

ジョブ型雇用とは、仕事とポストに見合った能力やスキルがあれば採用される雇用形態です。たとえば面接で「マネジメントができます」と言ったらマネジメント職で採用されるなど、現場で必要とされることと、自分ができることが一致しています。

これに対して日本独特のメンバーシップ型雇用は、いわゆる〝何でも屋さん〟です。「3年やってようやく慣れてきたな」と思ったときに違う部署に異動になるなど、定期的な人事異動があります。持っているスキルを発揮できない仕事に就く可能性があり、スペシャリストが育ちにくいシステムであるといえます。

たとえば人事部にいた人がいきなり工場に異動して、モノ作りをしたり、東京の本社から九州勤務になったり。そのたびに仕事も人間関係もゼロからのスタートです。これでは、どんなに有能な人でもテンパってしまいますよね。

最近ではジョブ型雇用を取り入れる国内企業も増えてきているものの、日本ではいまだメンバーシップ型雇用が主流であるのが現実です。

テンパるのに性格やキャリアは関係ない！

テンパるのは性格の問題？　それともキャリアが浅いから、仕事に慣れていないから？　いえいえ、そんなことはまったく関係ありません。今は大丈夫な人でも、環境や立場が変われば、だれでもテンパる可能性はあります。

おっと、脅かすつもりはありません。

自分はテンパリさんだ、と自覚していても大丈夫。

本書を通して仕事の仕方を「1%」でも見直していけば、必ずテンパる確率を減らしていけます。これから一緒に始めましょう！

まずは自分のテンパリ傾向をチェック！

エレベーターでの出会いから1週間後の昼下がり。3人は、アオハル社のおしゃれなカフェスペースに集まっています。

お久しぶり、テンパリちゃん、この前の見積書のミスの顛末《てんまつ》を聞かせてもらってもいいかしら。

ボクも知りたいです。

2人とも私のミスを面白がってない？　あの後先方に謝りに行ったら、常務が「わざわざ見積書を届けに来てくれたんだね」と言って受け取ってくれたんです。しかも「誰にでもミスはあるから気にしすぎないで」と優しい言葉までかけられて。

心温まるエピソードを聞いて「よかった、よかった」と安堵するテンパリくん。しかし、すずまりセンパイの目は笑っていません。

今回はタマタマ許されたと思ったほうがいいわね。仏の顔も三度撫でれば腹立てるって諺《ことわざ》があるとおり、同じミスを繰り返すと信用をなくすから。

シュンとして下を向くテンパリちゃんに、すずまりセンパイは笑顔で話しかけます。

そんな顔しないで。これを機にミスを減らしていけばテンパリも減っていくんだから。そうそう、この前渡した「テンパリ度チェックシート」の結果を見せてくれる？

ボクはほぼ満点でした。全タイプのテンパリさんです。心が折れちゃうな。

わたしも高得点よ。って自慢することじゃないけど。Aが一番多かったから「段取り下手」タイプでした。

ふむふむ。✔をつけた数を見ると、お2人さんとも「テンパリさん」ね。でも、落ち込まないで。このシートの目的は、自分を客観的に知ることなの。

センパイみたいに自分を客観視できたらいいんですけど。

私も昔はしょっちゅうテンパってたもんよ。20代の頃のニックネームは「ミス大臣」。お金のミスをやらかしてお客様を怒らせ、クレームに発展してしまったことも……。

そうなんですか!? 今のセンパイからは想像つかない。

だれでもテンパらなくなることはできるってことよ。2人とも高得点ってことは、裏を返せば伸びしろが大きい証拠。これからどうやって弱みを立て直していくか、一緒に考えましょう。あなたたちの近い将来が楽しみになってきたわ。前進あるのみよ！

自他ともに認める「テンパリ」の2人は、はたしてテンパリさんから脱することができるのでしょうか。

2人の不安な表情をよそに、スキップをしながら立ち去るすずまりセンパイなのでした。

第1章のまとめ

- テンパリさんには4つのタイプがある
- 社会的背景や環境の変化など、だれもがテンパりやすい時代になっている
- 働き方は、野球型からサッカー型へのシフトが求められている
- 仕事のやり方を見直すことで、だれでもテンパらない人になれる！

第2章

あなたがテンパるのはどんなとき？

プライベートを犠牲にしてはいけない！

アオハル社の先輩社員たちは、メリハリ上手。仕事に集中した後は、和気あいあいと雑談しています。

そんな楽しい会社で働くテンパリくんとテンパリちゃんは、すっかり意気投合したもよう。自販機の前で談笑しています。すずまりセンパイに今後が楽しみと言われ、ちょっとやる気になってきました。そこへ近づいてきたのは……。

おじゃまんが〜。

わっ、びっくりした！
お、おじゃまん……？

いいから、いいから。
それより、その後調子はどう？

仕事は相変わらずなんですけど、実は今晩予定があるんです。推しのライブチケットの抽選に当たったんですよ。だから本当は定時に仕事を終えて会場に行きたいんですけど……、仕事が終わらないかもなんで、今回は諦めようかなって。

あぁた、何が何でもライブに行かないと後悔するわよ。仕事のやる気まで失うことになったら、元も子もないんだから。

……そうですよね。やっぱり、何が何でも頑張ります。でも、時間に追われるように仕事をするとテンパっちゃって、いやなんですよね。なんで私ってこうなんだろう。

オッケー、テンパリちゃんの悩みを解決しましょう。「テンパリカレンダー」と「なぜなぜ分析」、天気予報ならぬ「テンパリ予報」を作るからよろしくね。

知らない言葉が次々と出てきて、キョトンとする2人。すずまりセンパイは不敵な笑みを浮かべています。

今日のところはこれにて解散。テンパリちゃんの上司はよく知っているから、今日は必ず定時退社させるように伝えておくわ。安心してライブに行ってらっしゃい。

テンパることで生じる3つの悪影響

人間はＡＩとは違い、感情を持っています。テンパれば当然、慌てたり冷や汗をかいたりしていつもと違う自分になってしまいます。

マイペースを保てなくなれば、仕事もうまくいきません。

第2章ではどんなときにテンパるのかを知り、テンパリに備えられる自分になるためのノウハウをお伝えします。

まずは、テンパるとどうなるのか、仕事にどんな悪影響があるのか3つのポイントを把握しておきましょう。

❶テンパると、仕事の品質が下がる

仕事を抱えすぎると、量をこなすことに精一杯になってしまい、慌ててやっつけ仕事になったり、雑になったりします。

大事な仕事に対して十分な時間がとれないと、成果もイマイチに。これはとてももったいないことなのです。

❷テンパると、ミスをする

❶にも関係しますが、テンパるとミスにつながります。

ミスをすればリカバリーに時間がかかり、謝ったり、やり直したりして自分で自分の仕事を増やしてしまいます。ミスによって上司やお客様の期待に応えられないと、信頼もされなくなります。そして仕事を任せてもらえなくなることもあるでしょう。**テンパることで、周囲に迷惑をかけ、自分も損をしてしまうのです。**

❸テンパると、人間関係が悪くなる

テンパるとどうしても視野が狭くなるもの。

被害妄想的な状態になり、自分だけが「忙しい、忙しい」となって、周りが見えなくなるのです。イライラしていたり、せっかちになったりする人もいて、「話しかけないで」オーラを発してしまいます。

余裕のない人には、だれも相談しようとは思いません。もちろん「手伝ってください」と頼むこともしないでしょう。でも、人を助けないと、困ったときに自分が助けてもらえなくなります。つまり、**ギブ&テイクの関係が築けなくなるのです。**チームワークに貢献できなければ、やがて孤立してしまうことになります。

まずはテンパったら記録する！「テンパリカレンダー」のすすめ

自分はテンパリさんだと落ち込んでしまった方もいるかもしれませんが、そんなあなたにおすすめなのが「テンパリカレンダー」です。

やり方は簡単。毎日持ち歩いている手帳やＧｏｏｇｌｅカレンダーなどに、その日のテンパリ度数を「①ちょっとテンパった」「②テンパった」「③かなりテンパった」の３段階でメモします。

「テンパリカレンダー」という名前の通り、テンパった日だけに記入してください。テンパらなかった日は書かなくてＯＫです。

テンパリ度数に加えて、もう１つ書いてほしいことが。テンパったときは、一言でいいので、その出来事や要因も書いておきましょう。

テンパリカレンダー

8 August

SUN	MON	TUE	WED	THU	FRI	SAT
30	31	1	2 ② 経費精算の処理にミスがあった	3	4	5
6	7 ① 顧客からの問い合わせ対応に追われた	8	9 ③ 営業先に必要な資料を持っていくのを忘れた	10 ② 作成した打ち合わせ資料がやり直しになった	11	12
13	14	15	16	17	18 ③ 提出した見積書に間違いがあった	19
20	21 ① 会議資料作成の期日が急に早まった	22	23 ③ 会議資料の作成が期日に間に合わなかった	24	25	26
27	28 ③ 重要なメールの送信先を間違え、謝罪に追われた	29	30	31 ③ 事前準備が不十分で商談がうまく進まなかった	1	2

- 毎日のテンパリ度を「①ちょっとテンパった」「②テンパった」「③かなりテンパった」の3段階で記録する
- テンパった際の出来事や要因なども一言でいいのでメモをする

ポイント

あなたのテンパリ傾向を分析

なんでそんなカレンダーを？　と思うかもしれませんね。テンパリカレンダーの目的はあなたのテンパリ傾向を知るためです。

たとえば、

・有給前後は忙しくテンパりやすい
・◯◯さんがいる時は至急の指示が多くてテンパりやすい
・月末は締め切りが集中するからテンパりやすい
・デートや飲み会の約束がある日 or 習い事がある日は夕方以降テンパりやすい　など

自分はどういう時に忙しくなり、テンパりやすいか、その傾向が見えてくるでしょう。

テンパリさんのための「なぜなぜ分析」

あなたのテンパリ傾向がわかったら、「なぜなぜ分析」をしてみましょう。

……って、「なぜなぜ分析」って何？　ですよね。

「なぜなぜ分析」とは、自分がなぜテンパったのかを「なぜ」を5回繰り返して掘り下げていく作業です。

これはトヨタ自動車で生まれた問題解決法で、製造過程で生じた問題の原因を突き止め、同じ問題が起こらないようにすることを目的としています。要は、「なぜ」という問いかけを繰り返すことで、根本的な原因が見えてくるのです。テンパリさんの場合も同様で、**根本的な原因がわかれば、予防策を浮かび上がらせることができます。**

具体例で説明しましょう。45ページの例では、仕事の締め切りが間に合わず、テンパってしまったことに対し、「なぜなぜ分析」を行い、次にまた同じ状況でテンパることがないように3つの対策を立てました。

私のセミナーでも実際にやっていますが、原因はさまざまです。

「ケアレスミスが多くてテンパった」という例では、「頼まれた仕事をなんでも引き受けてしまうから」「パソコンの中身がぐちゃぐちゃだから」「見直さないで提出したから」など。

客観的な視点で自分のテンパリ傾向をつかむことで、対策を立てることができるようになります。

「テンパリ予報」を立てて、先読み力を鍛える

どういう時にテンパるか、なぜテンパるかを分析できるようになったら、次はテンパりそうな日を予報する「テンパリ予報」を立ててみましょう。

なんだか楽しくなってきましたか？　そう、楽しんでやることが大事なのです！

天気予報のイメージで、手帳やカレンダー、Ｇｏｏｇｌｅカレンダーなどを俯瞰《ふかん》して予報を立てます。

天気予報で明日が雨だったら傘を用意するのと同じで、仕事も傾向と対策をすることによって、テンパリ率を低くするのです。

普通の人はスケジュールを立てるのに、会議の日程などの予定を入れますね。デキる人はそれに加えてタスクを書き込みます。これだけでも素晴らしいもの。でも、「テンパリ予報」によってさらにその先の、テンパる日や出来事を想定して、リスクマネジメントをするとそれを超える存在になれます！

これを繰り返して習慣化できれば、先読み力も鍛えられるでしょう。すると先が見えな

テンパリさんの「なぜなぜ分析」

「なぜなぜ分析」とは、事象に対して「なぜ」を繰り返して原因を追究する方法。
トヨタ自動車では「なぜ」を5回繰り返し、対策に役立てている。

テンパったこと

（例）仕事の締め切りが間に合わなかった

それはなぜ?

① 原因を深堀りする

締め切り直前になって手をつけたから

それはなぜ?

↓

時間がたっぷりあると思ったから

それはなぜ?

↓

どれくらい時間がかかる仕事かがわかっていなかったから

それはなぜ?

↓

普段から仕事にどれくらいの時間をかけているかを把握していなかったから

それはなぜ?

↓

無計画に仕事をこなしているから

② これからやること（対策）

❶ 各仕事にどれくらいの時間をかけているかを把握する

❷ 納期から逆算して計画を立てる

❸ 締め切りに間に合わなさそうな状況になったら上司に相談する

いからテンパる、ということがなくなり、行動が変わってきます。先読みを元にしたテンパリ対策ができるのです。

たとえば、毎年恒例のイベントがあるとします。「去年の今頃は忙しくてテンパっていたから、今年は少し早めに進めておこう」というように。

つまり、だれに言われなくても自分から進んで前倒しに仕事を進めることができるようになります。たとえば、上司から「あの件どうなってるの?」だとか「そろそろ進めてくれないと困るよ」といった催促をされることもなくなるでしょう。

「テンパリ予報」で、仕事が飛躍的にデキるようになることも夢ではないのです。

テンパリ予報

9 September

SUN	MON	TUE	WED	THU	FRI	SAT
27	28	29	30	31	1 ★ 19時～友人と飲み会	2
3	4 ★★ 販促会議用資料提出締め切り	5	6	7 ★★★ 定例会議、商談2件あり	8	9
10	11 ★ 顧客へのヒアリング2件あり	12	13 ★★ 研修の事前課題締め切り	14	15	16
17	18	19 ★★ 連休明け、顧客から連絡ありそう	20	21 ★★ 15時～上司と目標設定の面談	22	23
24	25	26	27	28	29 ★★★ 主力商品販促イベント出席	30

- テンパりそうな日を予想して、天気予報感覚でカレンダーに星を記入。テンパり度が高くなりそうな日は星の数を増やす

- テンパりそうな日の予定やタスクなども記入する

思わぬところにある「テンパリ」の本当の原因

アオハル社の近くには、人気の中華料理店があります。このお店はとってもリーズナブル。ボリュームたっぷりのおいしいランチが食べられます。

さて、今日は3人そろって、はじめてランチタイムを過ごします。一所懸命に仕事をするテンパリくんとテンパリちゃんは、時間に遅れがち。でも、「時は金なり」をモットーとする、すずまりセンパイを待たせてはいけないと、約束どおりお店に現れました。

3人で円卓に座り、すずまりセンパイはウキウキ。楽しみで仕方ありません。

そういえば、ライブの日は定時に上がれたんですか？　ボク心配してたんです。

ありがと。おかげさまでサクッと帰れたの。もうノリノリで楽しんじゃった。

絶対にまた行きたい!!

そうそう、上司に言われちゃった。「ライブの予定があるなんて知らなかったよ。プライベートなことでも予定がある日は教えてね」って。

テンパリちゃんの話を聞きながら嬉しそうな表情を浮かべていたすずまりセンパイのお腹がグーと鳴ったところへ、マーボー豆腐セットが3つ運ばれてきました。3人ともおいしそうにほおばり始めます。

今回は残業でライブを諦めかけちゃいましたけど、もうそんなことがないように日頃のテンパリを減らしていこうと思いました。センパイから教えてもらった「テンパリカレンダー」と「テンパリ予報」、早速つけ始めたんです。忙しいと、書き忘れちゃう日もあるんだけど。

ボクは「なぜなぜ分析」をやってみました。締め切りに間に合わない原因を掘り下げてみたんですけど……。

どうだった？

やってみる前は仕事が遅いからなのかなって思ってたんですけど、実は無計画に仕事をこなしているからだとわかったんです。

素晴らしい〜。やってみると、それまでは気づいていなかった原因が見えてくるのよね。根本的な原因がわかれば、対策も立てられるってものよ。順調じゃない!?

2人の一歩前進した様子を見て、すずまりセンパイはまたまた嬉しそうな表情。テンパリちゃんは「ライブに行きたい」という目標ができて、仕事も頑張ろうと相乗効果が生まれました。「テンパリカレンダー」と「テンパリ予報」もつけ始め、テンパリちゃんの先読み力やいかに!?

片や「なぜなぜ分析」によって、根底にある課題に気づくことができたテンパリくん。対策を検討し、テンパリの改善に向けた取り組みが始まります。

とはいえ、(まだまだこれからよ)と2人の指導にやる気が漲《みなぎ》っている様子のすずまりセンパイ。マーボー豆腐の最後の一口を平らげ、グラスの水をグイっと飲み干しました。

第2章のまとめ

- テンパると、仕事の質が低下し、ミスをし、職場の人間関係も悪化する
- 「テンパリカレンダー」をつけて、どういう時にテンパるかを分析しよう
- 「なぜなぜ分析」でテンパる原因を深堀りしよう
- テンパらないためには先読み力が欠かせない

第3章

テンパった自分を救う！「段取り力」

目の前の仕事を片づけるのもいいけれど

アオハル社では、終業の18時になると、みんな次々と退社します。しかし、営業部のテンパリくんは、ようやく客先から戻ってきたところです。ガラーンとしたフロアに入り、「ふっー。やれやれ今日も残業だ」と、ため息をつきながら席に座りました。その姿を見かけて、すかさず近づいてきたのは……。

今日は金曜なのに残業？　この前、中華料理店でぽろっと「パートナーがほしい」とか「趣味をもちたい」なんてこぼしてたのに。

そんなこと言ってましたっけ？　ボクだって、好きで残業するわけじゃありませんよ。もし好きな人ができたら、金曜日にデートしたいなぁ。趣味ができたら、新しい出会いがあるかもしれない。でも、仕事が終わらないから、絶対にムリだ。

諦めるのはまだ早～ぃ。時間は自分で作るもの。段取り力を身につければ鬼に金棒よ。まず、優先順位のつけ方を覚えましょ。次に「ToDoリスト」は毎日作ること。指切りげんまん、約束よ。

優先順位って言葉は知ってますけど、とにかく目の前にある仕事から手をつけていて、あんまり考えたことないです。メールが来ればすぐ返信するし、上司の指示は早くやらなくちゃと思うし、お客様から問い合わせがあると、すぐ回答しなきゃって焦ります。そんなこんなで、あっという間に1日が終わっちゃうんですよね。

よくあるテンパリパターンね。じゃあ、来週から段取り力を高めていきましょう。「ToDoリスト」の書き方は、そんじょそこらのものとはラベル、おっとレベルが違うから、楽しみにしていて。

今日は急ぐから、お先に失礼。何の予定があるか聞きたい？　しかたない、こっそり教えてあげるわ。転職してきた新任の今一部長とバーで待ち合わせなの。どうも私に気があるみたいで、誘われてしまったわ。

まくし立てるも聞こえないふりをしてパソコンに向かうテンパリくんに背中を向け、すずまりセンパイは夜の街へと消えていきました。気合いを入れて、ヒョウ柄のワンピースをまとっています。テンパリくんは、「センパイって自意識過剰」と思いつつ、「ボクも段取り力をつけて早帰りしたいなぁ」と、ちょっとだけうらやましい気持ちになりました。

そもそも「段取り」とは何か

第3章では「段取り」についてお話しします。

どのテンパリタイプにとっても重要なスキル、それが「段取り」です。「段取りがいい」人はテンパりにくく、「段取りが悪い」人はテンパりやすいといえるでしょう。

では、「段取り」とはそもそも何でしょうか。

段取り＝手順や順序のことです。要は、「1番目に○○をする、2番目に□□をする」と、計画を立ててから取りかかること。

今日やる仕事について、目の前にある仕事から何も考えずに手をつけるのではなく、計画を立ててから取りかかるのが段取りです。

全体の流れや作業手順が定まっている定型業務についても、

・必要なものをそろえる（例：文具、ファイルなど）

・マニュアルや前回の資料に目を通してから着手する

といったように、段取りを整えてから行うと、無駄なくミスなく業務を遂行できます。

「段取り八分」という言葉があります。事前準備の大切さを説く言葉で、段取りをすると、仕事の８割がうまくいくという意味です。８割仕事がうまくいけば大成功！　これはもう、テンパリさんが「段取り」をやらなくてだれがやる？　やらなくてはもったいないレベルのものなのです。

「ＴｏＤｏリスト」はなぜ必要？

では、段取りをするのに具体的に何をすればいいのでしょうか。

段取りのために必要なことの代表選手が、みなさんご存じの「ＴｏＤｏリスト」です。

「ＴｏＤｏリスト」は段取りの基本のキ、みんなやっているのでは？　と思いきや、私のセミナーで聞くとほぼ半数の人が「ＴｏＤｏリスト」を作成していませんでした。

なぜ「ＴｏＤｏリスト」を作らないのか理由を聞いてみたところ、３つありました。

１つめは「書かなくてもわかるから」。頭の中でやることはわかっているというのです。

２つめは「毎日同じことの繰り返しだから作る意味がない」、３つめは「作る時間がもったいない」でした。

でも、毎日仕事内容が１００％同じということはあり得ませんよね。「ＴｏＤｏリスト」を作って振り返るからこそ改善ができるのです。そして「Ｔｏ Ｄｏリスト」を作る時間がもったいないというのも、本末転倒です。「Ｔｏ Ｄｏリスト」を作らないから忙しくなるわけで、リストを作るわずかな時間をケチらないでほしいと思います。

「Ｔｏ Ｄｏリスト」を作るメリットは、計り知れないほど。朝イチで5分程度の時間を使ってリストを作れば、その日1日、段取りよく気持ちよく仕事ができます。あるいは帰る前の5分を、翌日の「Ｔｏ Ｄｏリスト」の作成に当てておけば、翌日は朝からフルモードで仕事をスタートすることができるのです。

やることを箇条書きするだけではない「戦略的Ｔｏ Ｄｏ」

「Ｔｏ Ｄｏリスト」は、日付とやることを箇条書きにするだけでも効果はありますが、ただ箇条書きにするだけでは、単なる備忘録になってしまう可能性があります。

基本の「Ｔｏ Ｄｏリスト」に＋αをするだけで、より効果的な「戦略的Ｔｏ Ｄｏリスト」に変身します。

それは「Ｔｏ Ｄｏリスト」で箇条書きにしたものを、**優先順位の高いものと優先順位が低いものに分けること。**これだけでも効率がアップします。

テンパらなくなる「To Doリスト」の作り方

Before▶

8／25（金）

□メール返信

□経費請求

□議事録作成

□改善活動について上司に提案する

□社内研修のレジュメ作り

●優先順位がつけにくい
●それぞれの仕事に時間がどのくらいかかるか予測できない

After▶

8／25（金）

［優先順位が高いもの］

1. 社内研修のレジュメ作り
2. 改善活動について上司に提案する
3. 議事録作成

［優先順位が低いもの（短時間でできること）］

□メール返信（〇〇さん、A社、B社）
□経費請求

●優先順位が高いものと、低いものに分ける
●優先順位が高いものは、いつやるか時間を決める

ただ箇条書きにしたものを上から順番にやっていくだけだと、それぞれの仕事にどれだけの時間がかかるか予測できません。もしも最後に大事な仕事が書いてあった場合、時間切れで残業をすることになるなど、テンパリにつながります。テンパらないためにも、優先順位をつけることがとても重要なのです。

優先順位が高いもののなかでも先に手をつけるべき順番を決めて、1番、2番と番号を振ります。さらに優先順位の高いものを、その日のスケジュール表の空いている時間帯に入れていくとさらにＧＯＯＤ。いってみれば、自分とアポイントメントを交わし、自分で自分の時間を確保するということです。

たとえば優先順位の1番が「社内研修のレジュメ作り」なら、朝イチや午前中などの空いている時間帯に入れてしまいます。もしこれを午後3時にやろうと思ったとして、割り込み仕事や突発事項が入ってきてしまったら、先送りになってしまうからです。

私はスケジューラーに優先順位の高い仕事を入れ、どのくらいの時間で終わらせるかも記入しています。60分で終えると予定してそのとおりに完了したときは、「イエーイ♪」「よく頑張りました！」などと書いて、自分をアゲています（笑）。

こうして優先順位の高いものから仕事をしていきますが、優先順位の高い仕事ばかり続けると疲れてしまうことがあります。**スキマ時間などに適度に、短時間でできる優先順位**

が低い仕事（例：メールチェック、経費請求など）を入れて、気分転換することも大切です。

すると1日が終わる頃には、「To Doリスト」のすべてに終了のチェックが入り、爽快な気分になりますよ。

優先順位は「緊急度」と「重要度」で考える

「そもそも優先順位のつけ方がうまくいかない」「何を優先すべきかがわからない」という人も少なくありません。

そこでおすすめなのが、「緊急度」と「重要度」のマトリクスから優先順位をつける方法です。すでにご存じの方もいるとは思いますが、やり方をお伝えしましょう。「To Doリスト」を最初からこのマトリクスに当てはめて書いている人もいます。

61ページにあるように、**仕事の優先順位を「緊急度」が高いか低いか、「重要度」が高いか低いかで4つに分けます。**

A　重要度、緊急度ともに高い仕事

Ｂ　重要度が高く、緊急度が低い仕事
Ｃ　重要度が低く、緊急度が高い仕事
Ｄ　重要度、緊急度ともに低い仕事

もっとも優先すべきなのは、言うまでもなくＡ「重要度、緊急度ともに高い仕事」です。Ａから手をつけて、重要度、緊急度ともに低いＤを最後にするのは、ほとんどの人が理解できるでしょう。迷いがちなのは、Ｂ「重要度が高く、緊急度が低い仕事」とＣ「重要度が低く、緊急度が高い仕事」のどちらから手をつけるかではないでしょうか。

ここからは、マトリクスを元にテンパりにくくなるための３つのポイントを紹介していきます。

ポイント1
「重要度が低く、緊急度が高い仕事」に振り回されない

マトリクスのＢ「重要度が高く、緊急度が低い仕事」とＣ「重要度が低く、緊急度が高い仕事」だったら、ほとんどの人が「Ｃから手をつける」と言います。セミナーで聞いても、１００％近くの人がＣだと答えます。つまり、「重要度」よりも「緊急度」を優先し

仕事の優先順位のつけ方

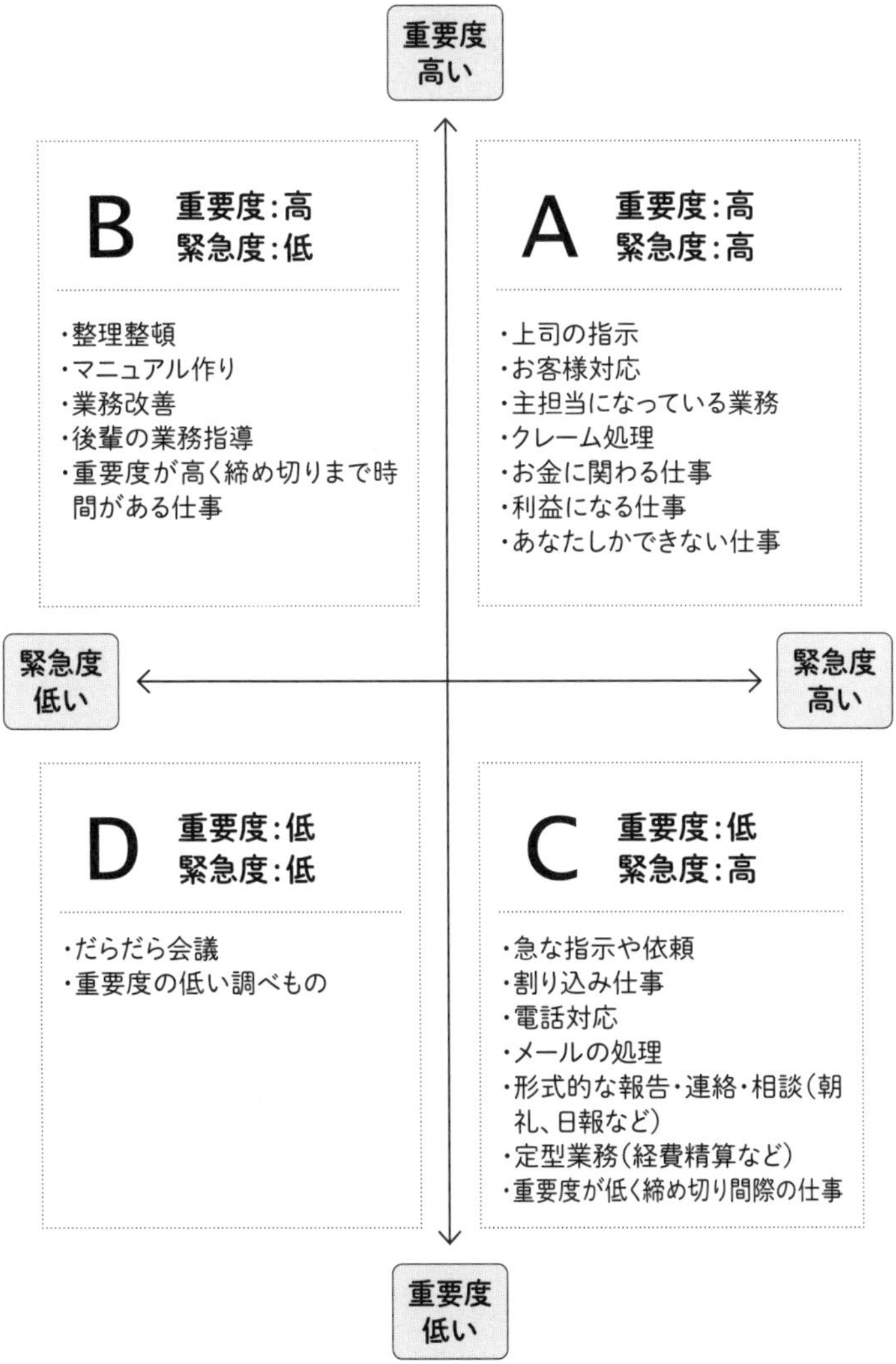

ているということになります。

じつはこれこそがテンパる要因になっています。

C「重要度が低く、緊急度が高い仕事」の典型的なものには、急な指示や依頼、割り込み仕事、電話の対応やメールの処理などがあります。また、重要度が低いからと放っておいて、締め切りギリギリに焦ってテンパることもあるでしょう。

これらの仕事に追われるうちに1日が終わってしまうために、テンパリが続いてしまうのです。

ポイント2 テンパらない人は「緊急の仕事」を減らしている！

テンパらない人は、何より「緊急の仕事」を減らしています。「自分はいつも緊急の仕事に振り回されている」と感じている人は、ぜひ緊急の仕事を減らしてみてください。「そんなことできない！」と思うかもしれませんが、緊急の仕事こそ、自分で減らすことができます。

たとえば、締め切りがまだ先だからと手をつけないでいると、締め切り間際になって焦ってしまうことになります。締め切りに余裕があるうちに進めておけば、締め切り間際に慌てることはありません。

また、経費精算や日報などは、「その日のうちに」やる癖をつけましょう。なぜなら忘れないうちにやってしまったほうが短時間で済むからです。後から「あれはどうだったっけ……」などと思い出したり、調べたりしながらやると、時間がかかってしまいます。

緊急の仕事を減らすには、**手持ちの案件を減らすこともポイント。**

職種にもよりますが、よくある質問はあらかじめお客様や取引先に伝えておいたり、ホームページに「よくある質問」と回答を記載したり。後輩や同僚からの質問を減らすために、業務マニュアルを作っておいてもいいでしょう。

また、ミスをするとそれに追われて緊急の仕事が増えるため、ミスをしないようにセルフチェック、ダブルチェックをするのもおすすめです。

緊急の仕事を減らしていくと、B「重要度が高く、緊急度が低い仕事」に割ける時間が増えます。たとえばBの仕事には、整理整頓、マニュアル作り、業務の改善、後輩の業務指導などの仕事が当てはまります。

つまり、仕事がよりやりやすくなる〝先行投資〟は、テンパリを防ぐことにもつながるのです。

ポイント3

２つ仕事が重なったら、どちらを優先するべき？

優先順位のマイルールを決めておくこともポイントになります。

優先順位を決めていても、仕事が重なることは多いもの。２つの仕事が重なったとき、どちらを優先すればいいのか、自分で決めておきましょう。

「面倒な仕事、やりたくない仕事」と「ラクな仕事、やりたい仕事」があったら、あなたならどっちを先にやりますか？

気分が乗らない仕事は先送りして、手をつけやすいラクな仕事をやりたいかもしれませんが、ここは面倒な仕事から先にやりましょう。**ラクな仕事に時間をかけてしまうと、優先順位が高い仕事ができなくなってしまいます。**

面倒な仕事、やりたくない仕事とは、いちばん心に引っかかっている仕事でもあります。そこから先に手をつけておき、早めに片づけておけば、気持ちもラクに、すっきりするはずです。

次のような場合はどう考えたらいいのか、具体例で説明しましょう。

「社外の仕事」vs「社内の仕事」

基本的には、社外の仕事を優先に。社内の仕事なら、上司や同僚に事情を説明すれば待ってもらえるかもしれませんが、社外の場合はそういうわけにもいきません。社外の仕事を優先することで、利益につながり、取引先との関係を円滑にすることもできます。

「相手がある仕事」vs「自分だけで行う仕事」

自分だけで行う仕事なら、好きな時間や空き時間を使ってなんとかなります。でも相手がある仕事では、相手と予定を合わせたり、相手の時間を使うことになるため、こちらを優先しましょう。

「割り込みの仕事」vs「予定していた仕事」

これは意見が分かれるところですが、私の場合は基本的に「予定していた仕事」を優先しています。割り込み仕事の内容がとても重要なものなら割り込み仕事を優先しますが、相手の都合で割り込まれた場合、明日以降に対応できるものは、そうしてもらうようにしています。あらかじめ決めていた順番を優先して、テンパらないようにしているのです。

ムダ・ムラ・ムリをなくす「ダラリの法則」

効率化とは、ムダ・ムラ・ムリをなくすことです。3つの2文字目をとって「ダラリの法則」といわれています。

1人でできることを3人でやるのはムダですよね。そして3人でやる仕事を1人でやるのはムリです。また同じ仕事を、あるときは3人でやり、あるときは1人でやったりするのは、ムラがあります。2人でやる仕事は2人でやる、1時間でやる仕事は1時間で終わらせる、これが適正です。

テンパっているときは、ムリをしていることが多いものです。ムリがあると、当然ミスも増えるので、さらなるテンパリにつながります。

ムダ・ムラ・ムリを改善できるかどうか、自分のスケジュールを眺めてみましょう。解消する方法として、いくつか例を挙げておきます。

ムダを減らす

・外出する日とデスクにいる日を分ける。こうすることで、外出する日は、一度の外出

で要件をすべて済ませることができ、デスクにいる日は、デスクワークに集中できる
・打ち合わせは、支障がなければオンライン会議にする、メールや電話で済ませる

ムラを減らす

・スケジュール全体を俯瞰して、比較的時間の余裕がある時期に、先行して進められる仕事をやっておく
・朝は、「時間がある」とのんびり構え、夕方になって「時間がない」と焦らないように、1日を通して成果を出す計画を立てる
・感情の浮き沈みがあると仕事に支障をきたすので、メンタルを整える

ムリを減らす

・仕事の締め切りが月末など、一時期に集中していたら、前もって進めておく
・負荷が大きい仕事を1人で抱えていたら、だれかに手伝ってもらえないか、上司に相談する
・苦手な仕事は、得意な人に教えてもらったり、協力してもらったりする

ムダ・ムラ・ムリをなくしていくことで、適正な状態で仕事を落ち着いて行うことができます。落ち着いて行えば、ほら、テンパリも減りますよね。

時間に余裕があるときの仕込みでテンパリ回避

テンパリ予防のコツの1つに、閑散期の過ごし方があります。

時間に余裕があるときは、仕込みをするチャンスなのです。では、何をすればいいのでしょうか。

それは**「重要度が高く、緊急度が低い仕事」をすること。**

たとえば整理整頓やマニュアル作り、業務の改善、後輩の指導など。これらの仕事はだいたい、忙しいとどうしても手つかずのまま、先送りしてしまいやすいものです。

「時間が余ったら、忙しいときの自分をラクにするお手伝いをする」という意識でいましょう。言い換えれば、忙しくてテンパリがちな未来の自分、明日や明後日の自分を助けるために、今できることをやっておいてあげる、というイメージです。

後輩指導については、後輩が力をつけると、あなたの仕事を手伝ってくれたり、助けてもらえます。とにかく投資すればリターンがあるので、楽しみにしてください。

テンパリは出世にも影響する!

真面目で責任感が強く、やさしい人ほど、何も言わずに仕事を引き受けてしまいがちです。「NO」と言えないのです。

でも、**さばききれない仕事はためらわずに人に振る勇気が必要です。**

まずは、安請け合いしないこと。なんでもかんでも引き受けてしまい、いざ締め切り間際になってテンパって、「できませんでした」では、仕事を頼んだ人を本当に困らせることになってしまいます。

安請け合いをする前に自分のスケジュールを確認しましょう。どうしても無理な場合は、正直に状況を伝え、相談しましょう。

真面目なテンパリさんは1人で仕事を抱え込む傾向もあります。ここは1つ、甘え上手になりましょう。甘え上手とは、周りに頼って責任を放棄することではありません。仕事において、素直に周りの人に「手伝ってください」「助けてください」と頼れる人のことをいいます。そのためには、ギブ&テイクで、普段から困っているときに手伝うなど、**良好な人間関係が築かれていることが大切です。**

また、テンパリさんが1人で仕事を抱え込んでしまう理由には、自分の仕事をきちんと整理できていないために、周囲が手伝おうにも手伝えないことがあります。

そうならないように、上手にお手伝いをお願いしましょう。お願いの仕方には以下のようなコツがあります。

・自分でやることと手伝ってもらうことに分ける
・手伝ってもらうことをリストアップする
・なぜ手伝ってほしいのか、理由や目的、効果を考える
・やり方を説明できるよう手順書を作ったり、完成形を示せるように準備する
（相手の時間を大切にすることにつながり、結果として自分の時間も大切にされるようになる）
・相手に「手伝ってほしいことがあります」と伝え、いつやるか、または期限を決める

テンパリは出世に響きます。人柄がよく、やさしいことは素晴らしいことですが、言うべきことをはっきり言えないと仕事がスムーズに進まないからです。

「自分の仕事を人に振るのは悪いこと」「人に仕事を振るのは、仕事ができないと思われ

るようで嫌だ」「相手に仕事をお願いするのは借りができるようで嫌だ」などと言う人がいますが、若いうちからある意味で**〝人を動かす〟ことができるようになっておかないと、リーダーにはなれません。**

いくら「私はリーダーになるつもりはありません」と言っても、年齢を重ねてからリーダーになれなかったら、期待に応えられず、職場のお荷物になってしまいかねません。

「チャンスの神様は前髪しかない」という言葉があります。好機はすぐにとらえないと、後ろからとらえることはできない、チャンスはやってきたそのときにためらわずにつかまなくてはいけないという意味です。

仕事をするうえで大切なのは、「この仕事、やってみますか？」と言われたときに、「やりたいです！」とすぐに即答できるマインドでいること。後から「やっぱりやりたいです」と言っても遅いのです。チャンスは次の人のところへ行ってしまうのですから。チャンスを逃さず即答できるのは、テンパることのない、時間に余裕がある人だけなのです。

仕事は2軸で考える

人に仕事を振るのは自分勝手な行動ではありません。

なぜなら、**仕事は自分1人でしているのではなく、チームでしているからです。**自分のためになるかならないかだけでなく、チームのためになるかならないかというように、個人とチームの2軸の視点を持つことが大事です。

自分の仕事を抱え込んでしまうことが多いテンパリさんは、「何がなんでもこの仕事は私がやらなければ」「この仕事は私のもの」などと頑《かたく》なになってしまいがち。でもそれって、チームのためにならないですよね。

あなたの仕事内容をだれも把握していないと、いざというとき仕事が回りませんし、引き継ぐこともできないかもしれません。**もっと広い視点で全体をとらえるようにすると、自分もラクになりますし、人にも仕事を振りやすくなります。**

先輩に手伝ってほしいけれど言いにくい場合は、上司を通して言ってもらうようにするといいでしょう。先輩に助けてもらったら、今度は先輩が大変そうなときに進んで手伝うこと。そうすれば、よい関係性も築きやすくなります。

第3章では段取りを組んで上手に効率的に仕事を進める方法をお伝えしてきましたが、ここまで読んでくだされば おわかりのように、「自分の都合を優先」すればＯＫ、と言っているわけではありません。

個人とチームの2軸で考える

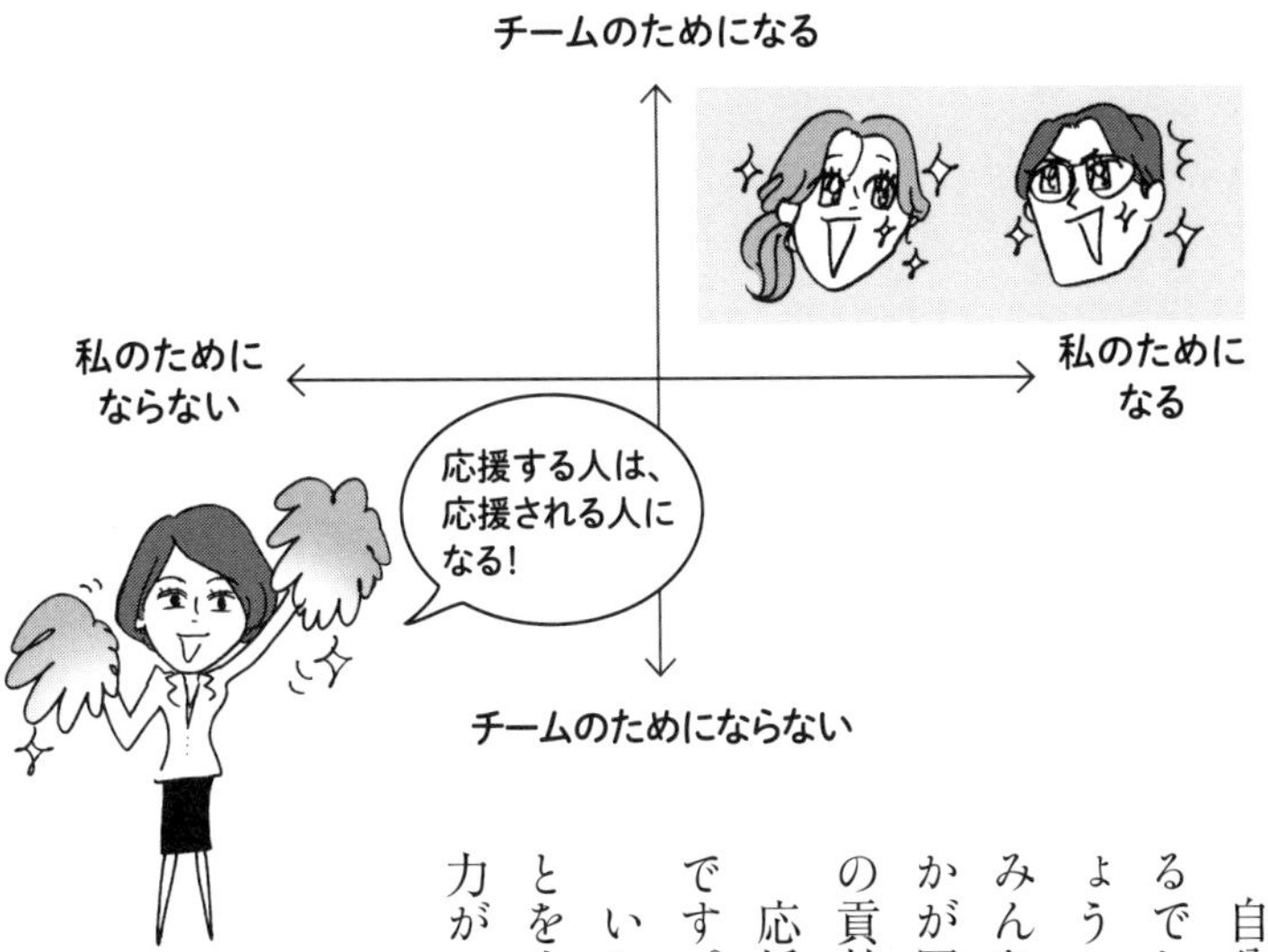

自分の仕事を優先すれば、仕事も早く終わるでしょう。でも、それで本当に嬉しいでしょうか。チーム全体が段取り上手になって、みんなが定時に帰れるようにすること、だれかが困っていたら手伝うこと、それが会社への貢献度を上げることにつながります。

応援する人は、必ず応援される人になるのです。

いかがですか？　ここまで説明してきたことを少しずつでも実践したら、確実に段取り力がついてくるはずです。

はじめから段取りがよくなくたっていい！

今日のランチタイムは、アオハル社の会議室で過ごします。３人は自分で作ったお弁当を持って集まりました。

すずまりセンパイ！
今一部長とは、どんなことになってるんですか？

私も知りたーい。

あら、今一部長と会ったことを覚えてるのね。でも、その話には触れてほしくなかったわ。なんてことはない、転職してきたばかりだからよろしくね、だって。

そんなことだろうと……。

そうそう！
あれからテンパリくんに段取り術を教えたけど、効果はいかが？

え、あ、はい。何から手をつけたらいいのか考えるようになりました。優先順位をつけると、大事な仕事に時間をかけられるので、営業成績がよくなってきたような。逆に時間をかけすぎなくていい仕事もあるとわかってきたのでメリハリ上手になれたかもしれません。

私も「ＴｏＤｏリスト」の書き方を教わってよかった！「ＴｏＤｏリスト」を毎日作るなんて正直面倒くさいなって思ったけれど、いざ書いてみると、それを見ながら落ち着いて仕事ができるので、これからも続けたいです。

段取りって重要ですね。すずまりセンパイは昔から段取りが得意だったんですか？

「昔から」っていう言葉がちょっと地雷を踏んでるわよ。私が若手社員の頃は、段取りなんていう言葉さえ知らなかったくらい。無計画に仕事をするわ、八方美人で何でも引き受けるわ、歓送迎会の幹事までやって手一杯。それなのに周りの人に「手伝ってください」とは言えずに残業してたの。同僚は次々と帰るなか、ある上司は「手伝おうか」って声をかけてくれて、単純な作業を手伝ってくれたこともあったのよ。

やだ、センパイの目に涙が光ってる。

鬼の目にも涙ってやつですね。

なんですと!!

やさしかった上司のことを思い出したの!

今は段取り上手なセンパイも、昔は段取りを考えないし、人に振るのが苦手だったとは。その弱みを克服するために段取り力を磨いたんですね。

テンパリちゃんとテンパリくんは、はじめから段取りが得意な人なんて、なかなかいないと知り、ホッとした様子。これから「To Doリスト」を書き続けようと心に誓ったのでした。

第3章のまとめ

- To Doリストを優先順位でグループ分けしてみよう
- 緊急の仕事は自分で減らすことができる
- 閑散期こそ、テンパらないための仕込みを
- さばききれない仕事はためらわずに人に協力してもらおう

第4章

効果テキメン！テンパリを未然に防ぐ「仕事のワザ」

書類が全然見つからない！

アオハル社の社員たちは、キレイ好き。自分のデスクがスッキリと片づいています。しかし、中には混沌とした環境で働く人もいて、デスクの上に書類やらファイルやらを山積みにしています。その人の名は、ご存じテンパリちゃんです。

どうしよう。お客様から送られてきた大事な書類がない！　さっきまでは、ちゃんとデスクの上にあったのに。

こにゃにゃちは。調子はドーナッツ？

ふざけないでください!!（怒）　それどころじゃないんです。大事な書類を探してるんで、後にしてもらえませんか？

あらあら失礼。テンパリマックスのようね。それにしても、デスクの上に書類やファイルが高く積み上がっているじゃない？　標高何メートルあるか測ってあげる。

口をとがらせているテンパリちゃんを尻り目に、すずまりセンパイは、下のほうにあるファイルや書類を取り出し、ものすごいスピードでチェックし始めました。

お探しのものは、こちらでしょうか？

なんと大事な書類を見つけたのです。書類は別のファイルの中に紛れ込んでいました。

そうです！　よかった、助かりました〜。
でもどうしてここにあるとわかったんですか？

使い終わった書類やファイルを出しっぱなしにしたり、下から上へ積み上げていくと、別のファイルに誤って挟み込むことがあるの。だから、そのあたりを重点的に探したわけ。とにかく見つかってよかったわ〜。

センパイ、私に整理整頓のやり方を教えてくださ〜い。

日頃から当たり前のことをきっちりできる人になる

テンパるかテンパらないかは、**〝テンパっていないときの仕事習慣〟で決まります。**

アスリートは日頃から練習を積んでいるからこそ、本番で力を発揮することができます。つまり本番のための準備の期間が大切なのです。ビジネスパーソンも同様に、大切なのは日々の積み重ねです。

テンパっていないときこそ、仕事習慣を身につけ、当たり前のことをきちんとできるようにしておきましょう。それがいちばんの強みになります。

これは困ったときに備えるためでもあるのです。万が一、テンパりそうになったとき、あわてず騒がず平常心で仕事に向き合えるようになります。

「自分は大丈夫」と言い聞かせて心に落ち着きを取り戻したり、余裕をもたらしたりすることができるのは、毎日の当たり前のことを続けられる人だけなのです。

第４章では、テンパリ率が激減する毎日の仕事習慣についてお話しします。

テンパらない人ほど「5S」を徹底している

「5S」という言葉を知っていますか？

「5S」とは、「整理・整頓・清掃・清潔・しつけ」の5つのことをいい、5つの頭文字の「S」をとって「5S」としています。もともとは製造現場の環境を維持・改善する目的で提唱されましたが、今や日本発の優れたマネジメント手法を表すものの1つとして、あらゆる職場で採用され、効果を上げているものです。

まず整理を行い、整頓をします。そして清掃をして清潔を維持します。さらに、決められたことをその通りに実行できるよう、習慣化するのです。

ビジネスパーソンは1日あたり約40分、モノを探すのに時間を費やしているといわれています。5日間で3時間を超える時間を、探し物に使っていることになります。「5S」を実践し、探し物をしている時間を減らすだけでも時間に余裕が生まれ、テンパリ率も下がります。テンパらない人ほど、「5S」を徹底しているのです。

また、時間を有効に使えるため、プライベートの時間も生まれ、ワーク・ライフ・バランスが充実して、新たなアイデアが生まれやすくなり、仕事のレベルもアップします。
ここでは、特にテンパリに関係する整理、整頓についてお話ししましょう。

整理

不要なモノからテンパリが生まれる

まず、とりかかるべきは「整理」です。

整理とは、必要なモノと不要なモノを分け、不要なモノを捨てることをいいます。不要なモノがあると、スペースをとります。つまり、そのスペースがムダになります。

また、不要なモノのなかから必要なモノを探そうとすると時間もかかります。そうなると、時間もムダになるのです。

モノがあふれていては、整頓することも掃除をすることもままなりません。できるだけ短時間で成果を上げるのが効率的な仕事のあり方。そのためにはムダを減らすことがいちばんです。そしてムダを減らすこと＝不要なモノを減らすことなのです。

放っておくとモノはどんどん増えていきます。会社のデスク周りに書類が山積みで、今にも雪崩《なだれ》を起こしそうな人はいませんか？

書類を捨てるのが苦手な人に、捨てられない理由を聞くと、

「5S」とは

❶ 整理	必要なモノと不要なモノを分け、不要なモノを捨てる
❷ 整頓	必要なモノをすぐに取り出すことができるよう、置き場所・置き方を決める
❸ 清掃	ゴミや汚れをなくしてキレイな状態にする
❹ 清潔	整理・整頓・清掃が維持されるようにする
❺ しつけ	「5S」活動を自然と行えるよう、習慣づける

・「また使うかもしれない」という不安がある
・自分の成果や成長ぶりを残したい
・前任者や上司・先輩からもらった書類を大切にしたい

といった「気持ち」があるため、なかなか捨てられないようです。

不要なモノはこの3つ！

実は、不要なモノは3つに集中しています。それが**「紙」「データ」「ツール・消耗品」です。**「紙」はプリントアウトした書類や伝票、「データ」はパソコンのデスクトップやドキュメント・フォルダなどに保存している情報など、「ツール・消耗品」は、仕事で使うコピー用紙や筆記具などの文具や郵送などに使う封筒といったもの。

どれも日常的に使うモノですが、ちょっとしたコツをつかんで整理すれば、仕事の効率がアップします。その具体的な方法を簡単に紹介しましょう。

■コツ①　捨ててはいけない書類と、捨ててよい書類を区別する

・法定保存文書（法律で保存期間が定められている書類）や社内の「文書管理規程」な

どで決められている書類は、勝手に捨てない。たとえば、会計や税務に関するものは保存期間が決められているため、ルールに従う

・保存期間が決められていないものは、チームや自分の判断で捨ててもよい

■コツ②　すぐに「捨てる」ルールを決めて毎日の習慣にする

・郵便物、メールはその日のうちに開封、捨てるか保管するか決める

・伝言メモや印刷した訪問先企業の地図などは、使い終わったらすぐ捨てる

・職場で共有するものは、ダブって個人で持たない

・データ化したものを残して、紙類は捨てる（紙類は最新版のみ残す、など）

■コツ③　必要なモノはまとめておく。会議のとき、打ち合わせで外出するときなど、必ず使うものを目的別に安価な透明ポーチに入れておき、使い分ける。探し物が減り、忘れ物をなくすメリットも

・「外出用」ポーチ……モバイルバッテリー、名刺予備、付せんなど

ちなみに私は研修やセミナーに登壇するために、ＵＳＢメモリーやポインター、タイマ

ファイル名のつけ方

① 日付を入れる

例：2023年5月22日の略（使用日または作成日）の場合

ファイル名：「20230522」

② マイルールを決める

例：日付+案件+内容にする場合、区切りに「_（アンダーバー）」を入れる

ファイル名：「20230522_5S_チェックリスト」

↓ 日付（使用日または作成日）　↓ 案件　↓ 内容

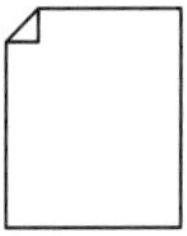

20230522_5S_チェックリスト

ーなどを入れた「プレゼン用」のポーチを準備しています。

パソコンも整理

オフィスワーカーにとって、パソコンは必需品。席を自由に移動して仕事するフリーアドレスの会社や、在宅勤務を採用するケースも増えています。パソコンも整理をして効率化しましょう。

デスク周りと違って、パソコンの中身が散らかっているかどうかはわかりにくいもの。でもパソコンが整理できていないと、あちこちファイルを探すなど、時間のムダにつながります。

データを保存するとき、ファイル名のつけ方を決めると仕事がスムーズに進みます。ポ

青春出版社

出版案内

https://www.seishun.co.jp/

あの頃のシャンシャンにまた会える!

生後半年から5歳8か月までの思い出のシーンが一冊に。

毎日パンダの1010日 シャンシャン写真集

高氏貴博

A4変型・上製 3850円

978-4-413-11397-7

〒162-0056 東京都新宿区若松町12-1 ☎03(3207)1916 FAX03(3205)6339

書店にない場合は、電話またはFAXでご注文ください。代金引換宅配便でお届けします(要送料)。

＊表示価格は税込価格。

青春新書 INTELLIGENCE こころ涌き立つ「知」の冒険

青春新書インテリジェンス

教養としてのダンテ「神曲」〈地獄篇〉
700年読み継がれた世界文学の最高傑作に、いま、読むべき時代の波が巡ってきた！
佐藤 優
1485円

世界史で読み解く名画の秘密
あの名画の神髄に触れる「絵画」×「世界史」の魅惑のストーリー
内藤博文
1485円

人生の頂点(ピーク)は定年後
自分らしい頂点をきわめる一番確実なルートの見つけ方
池口武志
1078円

相続格差
相続で縁が切れる家族、仲が深まる家族の分岐点とは？
税理士法人レガシィ 天野 隆
1067円

俺が戦った真に強かった男
〝ミスター・プロレス〟が初めて語る外からは見えない強さとは
天龍源一郎
1089円

NFTで趣味をお金に変える
趣味や特技がお金に変わる夢のテクノロジーを徹底解説！
tochi(とち)
1155円

ドイツ人はなぜ、年収アップと環境対策を両立できるのか
ドイツ流に学ぶ、もう一つ上の「豊かさ」を考えるヒント
熊谷 徹
1078円

【最新版】脳の「栄養不足」が老化を早める！
「オーソモレキュラー療法」の第一人者が教える、脳のための食事術
溝口 徹
1166円

人が働くのはお金のためか
誰もが幸せになるための「21世紀の労働」とは
浜 矩子
1210円

弘兼流 好きなことだけやる人生。
弘兼憲史が伝える、人生を思いっきり楽しむための〝小さなヒント〟
弘兼憲史
1089円

「発達障害」と間違われる子どもたち
子どもの「発達障害」を疑う前に知っておいてほしいこと
成田奈緒子
1155円

井深大と盛田昭夫 仕事と人生を切り拓く力
仕事と人生に効く、名経営者の力強い言葉の数々を紹介
郡山史郎
1078円

世界史を動かしたワイン
フランス革命の起因はワインの高い税金への恨みだった!?
内藤博文
1100円

【改正税法対応版】「生前贈与」そのやり方では損をする
65年ぶりの大改正を相続専門税理士が徹底解説
税理士法人レガシィ【著】 天野 隆【著】 天野大輔【著】
1067円

9割が間違っている「たんぱく質」の摂り方
食べているのに、吸収してない!? たんぱく質の正しい摂り方とは
金津里佳
1100円

70歳から寿命が延びる腸活
日本で一番〝日本人の腸〟を見てきた名医が教える腸活法
松生恒夫
1078円

2306-B

四六判・B6判並製

どんどん仕事がはかどる
「棒人間」活用法
絵心が無くても大丈夫！ 誰でも描けて、仕事がはかどる魔法のイラスト
河尻光晴
1650円

子どもの一生を決める
「心」の育て方
読むだけでわが子の心が見えてくる！
山下エミリ
1595円

100の世界最新研究でわかった
人に好かれる最強の心理学
科学が実証した、正しい「自分の魅力の高め方」がわかる本
内藤誼人
1705円

しみる・エモい・懐かしい
大人ことば辞典
令和の今だからこそ心に響く、洗練された日本語辞典
ことば探究舎［編］
1595円

言い換えで、人生が変わる。
いくつになっても求められる人が無意識に使う言葉151選
中谷彰宏
1452円

「好き」を貫く
牧野富太郎の言葉
日本の植物学の父、牧野流の駆け抜ける生き方とは
「言葉と植物」編集班［編］
1353円

9割が知らない！
売れる「動画」
〝1企業、1チャンネル〟時代の稼ぎ方
大原昌人
1650円

電車のなかで本を読む
高知新聞社「K+」の人気連載が1冊に
島田潤一郎
1760円

日本経済
ポツンと一人負けの**本当の理由**
「図解」&「対話式」で読み解く、日本経済の〝なぜ〟
間地秀三
1617円

あなたの内なる
「神の声」を聞く方法
神の声は「直感」という形でやってくる！
佳川奈未
1760円

子どもの頭のよさを引き出す
親の言い換え辞典
〝ちょっとした一言〟で子どもの未来は大きく変わる！
小川大介
1870円

Zero理論
様々な世代、様々な境遇の人の人生を変えた、話題の思考法
御堂剛功
1815円

うちの犬(コ)が認知症になりまして
17歳の愛犬・未来との〝愛おしくなる介護〟をつづったエッセイ
今西乃子
1540円

偏差値30台からの
難関大学合格の手順
〝限られた時間〟で一発逆転を実現する学力爆上がりの勉強法とは
久保田幸平
1650円

同志社大学講義録
『ねじまき鳥クロニクル』を読み解く
謎に満ちた名著の核心に〝知の巨人〟が挑む
佐藤　優
2090円

できる大人の「要約力」
核心をつかむ
情報過多の現代、要約力は必ずあなたの大きな武器になる
小池陽慈
1595円

表示は税込価格

A5判・B5判 見ているだけで楽しい本

- **60歳からの疲れない家事**
  60歳は〝家事の棚卸し〟の季節です
  本間朝子 1540円
- 見るだけでわかる！**認知症が進まない話し方**
  10刷出来の「認知症が進まない話し方があった」の実践イラスト版！
  吉田勝明 1595円
- ビジュアル版 **ずっと元気でいたければ60歳から食事を変えなさい**
  8万部突破のベストセラーがカラー図解で新登場！
  森由香子［著］ 川上文代［料理］ 1650円
- 問題解決の最初の一歩 **データ分析の教室**
  物語で学ぶ、初めての「エクセル×データ分析」
  野中美希［著］ 市原義文［監修］ 1925円
- **大学生が狙われる50の危険**
  学生と親のための安心・安全マニュアル決定版!!
  株式会社三菱総合研究所 全国大学生活協同組合連合会 日本コープ共済生活協同組合連合会 奈良由美子 1100円
- **ウサギの気持ちが100%わかる本**
  ウサギとの絆が深まる、対話&スキンシップ&お世話のコツ！
  町田修［監修］ ウサギぞっこん倶楽部［編］ 1848円
- **ひといちばい敏感な人のワークブック**
  読むだけでセルフケアカウンセリングができる、はじめての本
  エレイン・N・アーロン 2948円
- THE PATH **一生お金に困らない最短ロードマップ**
  誰も気づかなかった〝お金の絶対法則〟がここに
  ピーター・マローク［著］ アンソニー・ロビンズ［著］ レッカー・由香子［訳］ 2475円

こころを支える「教え」の真髄

- ［新書］図説 あらすじでわかる！**日蓮と法華経**
  なぜ法華経は「諸経の王」といわれるのか。混沌の世を生き抜く知恵！
  永田美穂［監修］ 1246円
- ［新書］図説 一度は訪ねておきたい！**日本の七宗と総本山・大本山**
  日本仏教の原点に触れる、心洗われる旅をこの一冊で！
  永田美穂［監修］ 1331円
- ［新書］図説 地図とあらすじでわかる！**釈迦の生涯と日本の仏教**
  知るほどに深まる仏教の世界と日々の暮らし
  瓜生中［監修］ 1386円
- あの神様の由来と特徴がよくわかる **日本の神様の「家系図」**
  日本人が知っておきたい神様たちを家系図でわかりやすく紹介！
  戸部民夫 1210円
- 日本人なら知っておきたい！**神様と仏様事典**
  神様・仏様そして神社・お寺の気になる疑問が、この一冊で丸ごとスッキリ！
  三橋健 廣澤隆之［監修］ 1100円
- ［新書］図説 神道の聖地を訪ねる！**日本の神々と神社**
  日本の神様にはどんなルーツがあるのか、日本人の魂の源流をたどる一冊
  三橋健 1309円
- ［新書］図説 仏教の世界を歩く！**日本の仏**
  仏様のその姿、形にはどんな意味とご利益があるのか、イラストとあらすじでよくわかる！
  速水侑［監修］ 1309円
- ［新書］図説 極楽浄土の世界を歩く！**親鸞の教えと生涯**
  親鸞がたどり着いた阿弥陀如来の救いの本質にふんだんな図版と写真で迫る！
  加藤智見 1353円

表示は税込価格

イントは、**数字を入れてファイル名から時系列がはっきりわかるようにすること。**

たとえば、だれかとやりとりしながら進めていくファイルの場合、「修正」「再送」「確定」「訂正」などといったファイル名をつけると、いつが最新のものかわからなくなってしまいます。そこで、作成した日付や連番を入れて順番をはっきりさせるのです。

今まで私が研修を行った企業で、組織全体でファイル名のつけ方が決められていた会社は1社だけありました。個人でファイル名がバラバラにならないようにしていたのですね。ここまで徹底している企業は少ないにしても、自分のなかで統一しておくだけで仕事は格段にやりやすくなります。

整頓

必要なモノをすぐ取り出せたらテンパらない

「整理」で不要なモノを捨て、必要なモノを残したら、次は「整頓」です。

「整頓」とは、モノの置き場所・置き方を決めること。

仕事がデキると評価される人は、時間をムダにすることがありません。モノを探す時間はムダだとお話ししましたが、ムダになるのはモノを探して見つかるまでの時間だけではありません。**仕事に集中しているときにモノを探し始めると、思考が途切れ、仕事のペー**

スを元に戻すまでに時間がかかってしまいます。これも、大きなムダなのです。

たとえば上司に「おとといの会議で発表していた営業数字、もう一度見せて」と言われて、どこにあるのかわからずテンパりながら探していたとしたら、どうでしょう？　自分の時間はもちろん、待たせている上司の時間もムダ使いしていることになります。

「整理」だけでなく、モノの置き場所、置き方が明確な「整頓」をしっかりすることで、探す時間も、動作のムダも格段に減ります。

退社時のデスクの上はすっきり

退社するとき、デスクの上はすっきりさせておくこと。これをマイルールにしましょう。すると、退社前には必ずデスクの上の書類などを整理整頓する習慣がつきます。

そのためには退社前にバタバタしないように、作業中のルールも決めておくといいでしょう。たとえば、**「デスクの上に置くのは、今使う書類だけ」「使い終わったモノは定位置に戻す」といったようなことです。**

また、いくつものファイルがデスクの上にあると、本来、収納されるべきではないファイルに書類が紛れ込んでしまうことも。これでは、後でテンパりながら書類を探したり、仕事のミスにつながったりすることにもなります。

あなたの「5S」実践度をチェック

当てはまるものにチェックをしてみましょう。

「5S」の実践度チェックリスト		
整理	いらなくなったモノや書類は捨てている	□
	勝手に捨ててはいけない書類は何かを知っている	□
	デスクの下や足元の床に収納しきれない荷物を置いていない	□
	パソコンのデスクトップに不要なファイルやフォルダがたまっていない	□
	ボールペンや消しゴム、ハサミなどの文具は必要な数だけ持っている	□
整頓	必要な書類や文具をすぐに取り出すことができる	□
	使い終わったモノはすぐに元の位置に戻している	□
	書類は下から上に積み上げず、立てている	□
	書類はファイリングし、背ラベルやインデックスを作っている	□
	消耗品の在庫を切らして困ったことはない	□
清掃	電話機やパソコンなど細かいところにホコリがたまっていない	□
	デスクの上や引き出しの中は拭くなど、いつもキレイにしている	□
清潔	退社するとき、デスクの上に書類を置いたままにしない	□
	デスクの上に書類やファイルを広げるスペースがある	□
しつけ	指示されたり注意されたりしなくても、自ら作業環境を整えている	□
	社会人ともなれば、自分で整理・整頓するのが当然だ	□

デスクの上にはいつも必要最低限のモノしか置かれていない状態をキープすることで、仕事の効率がアップします。

同様に、データがたまりがちなパソコンもルールを決めましょう。

使わないファイルを開きっぱなしでほかの作業をすると、保存のミスや参照元のミスが生じたり、動作も遅くなったりします。デスクトップに保存するファイルも最低限に。

▪退社時の手間を減らすためにここをチェック！

□デスクの上に置くのは、今使う書類だけ
□使い終わった書類・モノはすぐに定位置に戻す
□デスクの上に余計なモノは置かない

▪パソコン作業をスムーズにするためにここをチェック！

□デスクトップには必要なファイルだけ
□フォルダを使って整理・整頓し、必要なファイルをすぐ開けられるようにする
□定期的に、時間を決めてファイルを整理

職場マニュアルをアレンジした「自分マニュアル」を作る

「5S」の次に私がおすすめしているのが、「自分マニュアル」の作成です。

マニュアルのある職場もありますが、新人もベテラン社員も同じものを使うため、100%理解できるとは限りません。またマニュアルを作るのが目的になっていて、だれも活用していないことも多々あります。

私はいくつかの会社で働いた経験があり、立派なマニュアルが用意された職場がありました。でも、入りたての頃はマニュアルを見ても難しくて理解できませんでした。

そこで先輩社員に口頭で教わったことをノートに書き、手が空いたときに自分用マニュアルノートにまとめ直したのです。**手を動かすことで頭の中が整理されるというメリットもありました。**すると業務の流れも見えてきて、ノートも工夫して作るようになりました。ミスをするたびに、ミスをした内容や日付、反省コメントやアイデアを書き足していき、結果、1年間で自分マニュアルは4冊にもなりました。

自分マニュアルを見ると、前回のやり方を一から思い出すムダや、ミスしてやり直すムダを省くことができ、いつでも最短で正しく仕事ができるようになります。

テンパリさんの自覚がある人はぜひ、本当に役立つ、自分だけのマニュアルを作ってしまいましょう！　何十ページにもおよぶようなおおげさなものである必要はありません。たとえばパソコンの操作の手順なら、画面を印刷（プリントスクリーン）してノートにペタッと貼り、ポイントだけ書き足すと手っ取り早いです。

ノートに「記入日」と「タイトル」を書いたら、後から書き足せるように余白を作っておくこともポイントです。赤字でどんどん追記して、バージョンアップさせましょう。

ただ、ノートにはデメリットが２つあります。１つめは、キーワード検索ができないこと。そこで、どこに何が書いてあるか見つけやすいように、インデックス付せんをつけておくのをおすすめします。

２つめのデメリットは、持ち歩く必要があること。となると、ノートが面倒な人は、もちろんデータ保存してもＯＫ。どこからでもアクセスできるので便利です。

ただし、自分マニュアル作りに時間をかけすぎないことも大切です。なぜなら、業務中は会社に利益をもたらす仕事をするのが鉄則だからです。電話が鳴ったら出る、上司から指示があれば手を止めて、指示を受けましょう。

後で見やすいノートの書き方

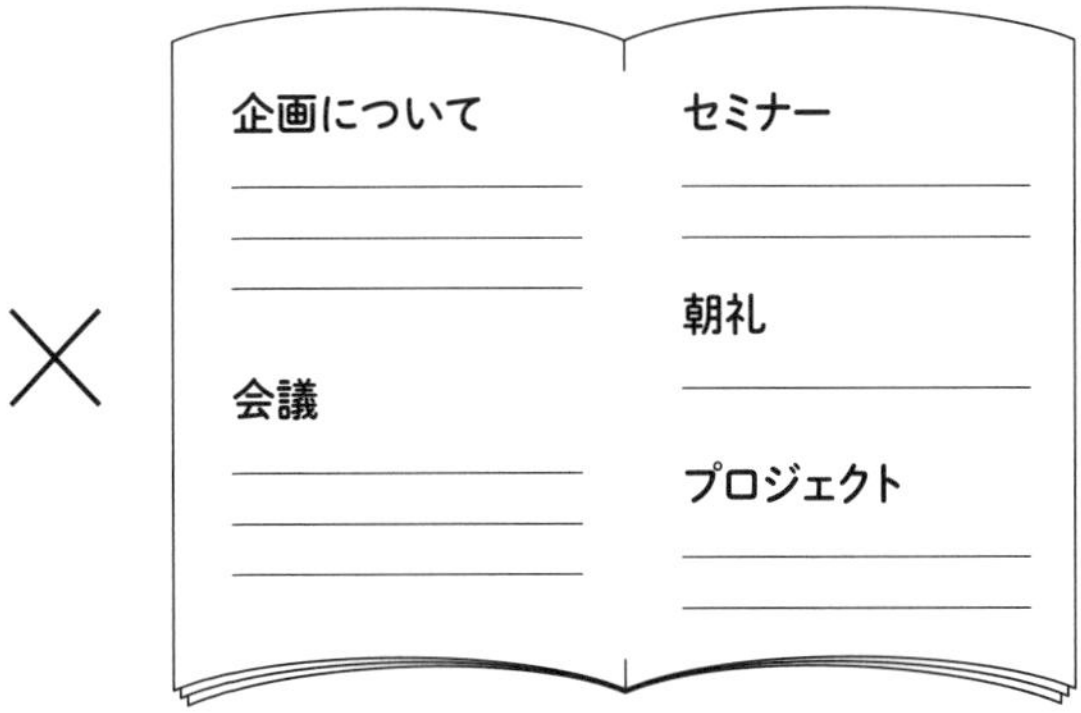

定型業務はチェックリストや締め切りリストも活用する

業務	締め切り	顧客	完了チェック
請求書発送	○／10(金)	A社あて	✓
		B社あて	✓
		C社あて	

記憶に頼らず記録する手帳術

人は忘れる生き物です。

覚えた！　と思っても時間がたてばあっという間に忘れてしまったという経験が、あなたにもきっとあるでしょう。

ミスを防ぐためには、暗記しようとせず、すぐにその場でメモを取るのが大切だということ。「これくらいなら覚えられる」と自分の記憶力を過信しないことです。

メモを取るのが面倒くさいという人もいるかもしれませんが、このひと手間が仕事をラクにします。後から思い出そうとしても遅いのです。メモさえすれば、約束したことや納期、指示されたことは忘れないでしょう。

頭のなかで考えるだけでは忘れてしまいがちな、タスクの処理もれも防ぐことができます。

なお、スケジュール管理については手帳をおすすめしていますが、デジタルにはデジタルのよさがあるため、自分が使い勝手のいいほう、あるいは職場で推奨されているルールに従いましょう。何よりも見える化し、記録に残すことが大切です。

伝言メモ

「読む」のではなく「見る」メモに

会社で電話をとると、BさんあてにA社の○○さんから電話がありました。Bさんは席を外しています。あなたはBさんにどのような伝言メモを残しますか？

伝言メモはダラダラ文章にしないようにするのがポイントです。

自分もメモに時間をかけず、読んだ相手の時間も奪わないように、「読む」のではなく「見る」メモを目指しましょう。

伝言メモは、読んだ人が、要するに何をすればよいのかがわかるように結論を先に書きます。細かなことはその後に書きます。ぜひ箇条書きにしましょう。

また、メモするとき、相手の名前はカタカナで書きましょう。漢字では同じ名字でも、読み方の違う人もいるからです。「河野さん」は「カワノさん」なのか「コウノさん」なのか、「菅野さん」は「スガノさん」なのか「カンノさん」なのか。

「読む」より「見る」メモを目指す

佐藤さん

A社の河野様より電話がありました。「メールを送ったので見てほしい。詳しいことは電話で相談したい」とのことでした。忙しいと思いますが、大丈夫ですか？お手数ですが、折り返しお電話をしていただきますようお願いいたします。

Tel xxx-xxxx
よろしくお願い申し上げます。

鈴木

佐藤さん　　　　　鈴木受け

○／○　　15:15
A社　コウノ様より電話あり

【要件】
1. メールを読んでから電話をください。
2. 相談したいことがある。

Tel　xxx-xxxx

*本日は18時までご在席

私も先日、「佐藤さん」に電話をしたら「佐藤は2人いますが、男性と女性のどちらですか」と聞かれてしまいました。最近では性別で分けるのはおすすめされないかもしれませんが、下のお名前や部署名を確認しておくことも大切でしょう。

あなたの職場では、メンバー全員、同じ伝言メモを使っていますか？

または伝言メモの様式が決まっていますか？

もし、伝言メモの用意がなんらなく、白紙に毎回書くと、手間がかかります。また、付せんや裏紙などに書いて渡すと、大きさがバラバラのため管理しづらく、なくしてしまう心配もあります。

そこで、テンプレートを使って伝言メモを用意し、印刷しておきましょう。

「伝言メモ　テンプレート」でネット検索すると、無料で使えるものがあるので、ぜひ利用してみてください。

付せん活用

上司へのお願いごとは付せんが便利

付せんは、いろいろな使い方ができる便利な道具です。

付せんを大事なところに貼っている人は多いと思いますが、それだけではありません。付せん活用でおすすめなのが、誰かにお願いごとや指示をするときに使うこと。

上司のなかには、口頭でお願いしてもメモを取ってくれない人がいます。忘れられてしまってはこちらも困るし、また催促しないといけないのも気が重いですよね。だからといって、自分から「ちゃんとメモを取ってください」とは言いづらい……。

このときに付せんにメモをして、渡してしまうのです！　渡されたほうは、**直接書類や手帳、デスクなど好きなところに貼れるので、忘れにくいというメリットがあります。**むしろ、メールよりも効果的でしょう。証拠を残すことで、仕事のミスを減らせるのです。

記憶がよみがえりやすいメモの取り方

打ち合わせや会議、商談をするときは、ノートを活用してテンパらないようにしましょう。事前の準備でハードルを下げておくのです。

セミナーや研修などで参加者の方とお話をすると、「会議は苦手です」「雑談ができません」という人が多いのですが、たとえば、「貯ネタ」といって、事前に雑談のネタを考えてノートに書いておく。これを見ながら話せば、会議の場を温めることもできます。

たとえば相手がサッカー好きだとわかっていたら、「サッカー、最近なさっているんですか？」とか、「◯◯の試合、ご覧になりましたか？」などと振るだけで、相手は喜んで話してくれるでしょう。

当日の座席表をメモしておくのもおすすめしています。もちろん、だれがどこに座っていたかがわかる程度の簡単なものでＯＫ。メモしておくことで、**そのときの光景や記憶が、後からよみがえりやすいからです。**

また、「金子課長の意見に賛成」「アンケートを取るのはどうか？」など、会議中に思いついたことや自分の考えを、吹き出しなどで書いておくのもいいですね。急に意見を振られたときにテンパらずに済みます。

さらに、会議前までに、やることをリストアップしておくと安心です。

訪問先の企業について調べておく、提案書を作る、手帳やスケジューラーに持ち物も書いておくと、目にする回数も増え、忘れ物がなくなります。

会議や打ち合わせ、商談はあくまでも本番。ここまで読んでおわかりのように、**本番にできるだけ100%に近い力を発揮するためには、その前の準備が大切なのです。**準備をすることで、テンパリもしっかり予防できますよ。

メールのミスなしテクニックを習得せよ

「相手の社名や名前を間違えた」↓訂正・お詫びのため、もう一度メールを送ることに
「添付ファイルをつけ忘れた」↓もう一度、添付ファイル付きメールを送ることに
「伝えたいことを書き忘れた」↓もう一度、追加のメールを送ることに

こんなメールのミス、ありませんか？　1通のメールで済むのに2通送信するのは、自分と相手の時間を奪い、テンパリの原因にもなります。こんなメールのミスは防ぎたいも

のです。

たとえばカメラメーカーのＣａｎｏｎの正式表記は「キヤノン」で、「ヤ」は小文字ではなく大文字表記です。マヨネーズの「キユーピー株式会社」も「ユ」は大文字です。小文字で書いてしまうと大変失礼なミスになります。

よくある誤変換も注意したいもの。「返信してください」が「変身」になっていたり、「後藤様」が「冒頭様」になっていたり……。宛名を間違えないのは、最低限のマナーだと心得ておきましょう。

宛名ミスを防ぐには、相手の書いたものをコピー＆ペーストすると便利です。メールをやりとりしたときに、メールの署名部分に会社名と名前が書かれています（例：「○○株式会社　総務部　嶋本　健司」）。このメールに返信するときは、相手の署名をコピー＆ペーストして、宛名にしましょう。というのは、「シマモト」を変換すると、「島本」や「島元」などの候補がいろいろ出てきます。先方のお名前を手入力し、変換候補から記憶に任せて漢字を選ぶと、ミスの元。コピペすれば時短かつ、ノーミスで宛名が完成します（相手の名前に「様」をつけるのをお忘れなきよう！）。

添付忘れを防ぐには、**本文を書く前に先に添付してしまうこと。**これにつきます。おそらく添付忘れをする人は、メールの本文を書き、書き終わると安心してそのまま添付を忘れて送信してしまうのではないでしょうか。

先に添付することを習慣づけてしまうか、パソコンに付せんで「添付ファイルを忘れない！」などと書き、目につくところに貼っておくなど、やりやすい方法を工夫しましょう。

スキマ時間にやることを決めておく

スキマ時間を上手に使うことが、テンパリ予防につながります。

では具体的にどんなことをすればいいのでしょうか。

会議までの10分、または電車移動の15分、次のアポまでの30分など、スキマ時間ができてから「何をしようかな」と考えていると、あっという間に時間が過ぎてしまいます。スマホを見ているだけでも10分、20分はすぐ経ってしまいます。

そこで、スキマ時間でできることをあらかじめリストアップしておくことをおすすめします。

■スキマ時間でできることの例

5分メニュー

・手帳や「ＴｏＤｏリスト」をチェック
・デスク周りを片づける
・メールをチェック
・シュレッダーをかける

10分メニュー

・電話をかける
・名刺の整理をする
・新規のアドレスを登録する
・共有スケジューラーに入力する

15分メニュー

・雑誌、新聞、ＷＥＢニュースを読む
・日報を書く
・経費の精算をする
・自分マニュアルを作る

もちろん、５分でできること＋10分でできること＝15分、など組み合わせてもＯＫ。できることをリストアップしたら、手帳やスマホなど、いつでも見られるものに記録して持ち歩きましょう。

ミスが教えてくれること

今日は、３人が出会ってからちょうど3カ月目。アオハル社の近くにある、お手頃価格のイタリア料理店で夕飯を一緒に食べる予定です。

テンパリくんとテンパリちゃんは、毎日「Ｔｏ Ｄｏリスト」を作り、優先順位の高い仕事から手をつける習慣が身につきました。今日は定時に仕事を終えてお店に入り、会議がまもなく終わりそうなすずまりセンパイの到着を待っています。

おまた〜。よっ、ご両人おそろいで。
お腹が空いたわね。何食べる？　ザーピーかしら。

あのー、ザーピーとは？
ボクはイカ墨パスタが食べたいです。

うん、イカ墨にしましょ。
それはそうと、この前は書類を見つけてくれてありがとうございました。それなのに私ったら、テンパっちゃったせいで、イラっとして八つ当たりしてごめんなさい。

八つ当たり？　記憶にございません。私だって片づけが大の苦手だったから、おそろいよ。

あれからデスクを片づけようって思いました。まだ完璧にはできないけれど、帰るときは、デスクの上に書類を置かないようにしています。

いいじゃない？
グッジョブよ。

ふーん、ボクは片づける暇なんてないな。忙しいから。

あのね、片づけると仕事がスピードアップするし、ミスも減るの。まとまった時間は取れなくて当然。その代わりスキマ時間にやってみて。

たしかにスキマ時間ならあるかも。
ミスといえば、ボクはメールに添付ファイルを忘れやすいので、先に添付してから文章を仕上げるワザが役立ちました。
すずまりセンパイはいろいろなワザを知っていますよね。どこで教わったんですか？

自慢するわけじゃないけど、これまで、いろんなミスをしてきたでしょ。ミスたちが私に名案を教えてくれたの、なんてカッコよすぎ？　つまり、ミスをしたら、「なぜやっちゃったのかな」と原因を探って、「どうしたらミスをなくせるかな」って考えたわけ。そうしたら次々とアイデアが生まれたの。

そうだったんだ。失敗するのは悪いことと思い込んでたけれど、これからは前向きにとらえようっと。

テンパリくんとテンパリちゃんは、グビッとビールを飲み干しました。２人に向かって、すずまりセンパイは、ニンマリと笑みを浮かべています。その歯は、イカ墨パスタを食べたせいか真っ黒です。さて、次なるは、何をレクチャーするのでしょうか。お楽しみに！

第４章のまとめ

・探し物を減らせば時間が増える
・必要なモノはすぐ取り出せるように工夫する
・記憶ではなく、記録する習慣をつけよう
・汚くてもわかればＯＫ！「自分マニュアル」で仕事の効率化を

第5章

たちまちテンパらない人に変わる「時短テクニック」

≫どんな仕事も全力投球！　本当にそれでいい？

今日は月はじめ。営業の締め日を無事に終えたテンパリくんは、フリーアドレス席に座り、鼻歌まじりにパソコンに向かっています。すずまりセンパイは、すかさず隣の席を陣取り、彼のパソコン画面をじーっと覗き込みました。

テンパリくん、ご機嫌ね。あらら、なんてキレイなパワーポイントの資料！

明日は上司と目標管理の面接があるので、資料を見せながら伝えようと思って。早めに作り始めたおかげで、前倒しに完成したんです。

お、段取りがよくなってきましたな。

でも、ビジュアル系のボクとしては納得がいかないんです。もっとセンスよく作り込みたいなぁって思って、配色を変えたり、アニメーションをつけたりしてるところでした。２パターン作ったんで、どっちがいいか投票してもらえますか？

上司に伝えるとき、資料を見せながら話すのはいいことだわ。そのほうが上司は理解しやすいでしょう。とはいえ、社内の資料作りに時間をかけすぎてない？　アニメーションをつける必要はあるのかしら？

だって上司との面接も大事なプレゼンですよ。ボクの評価が下がったら困ります。

テンパリくんの目標って、営業成績のほかに残業を減らすことじゃなかった？　上司は資料の見栄えよりも、仕事の中身や成果を知りたいと思うけどな。

確かに。お客様にプレゼンするときの資料と、社内向けの資料とは目的が違うってことですね。あーもう3時間も作り込んじゃったよ。ボクって、どんな仕事にも手をかけすぎちゃうんだもん。スピードアップするコツがあれば、教えてくださ～い。

済んだことは後悔しても仕方ない。これからスピードアップする方法を伝えるから、そこんとこよろしくね。

はい、早く知りたいです！

「80点主義」こそ、本当のデキる人

完璧主義の人は、仕事の完成度が高く、ミスがありません。もちろんそれは素晴らしいことですが、完璧を目指すあまり、時間がかかりすぎるのも考えもの。

仕事には１００点満点に仕上げるものと、80点を目指せば十分なものがあります。要は、メリハリが大事なのです。

メリハリをつけるとは、時間をかける価値がある仕事と、時間をそれほどかけなくてもよい仕事を見極めること。やりすぎずに手を抜くことも必要です。〝いい加減〟という言葉は悪い意味で使われますが、〝良い加減〟を知るという意味でとらえ、**〝ちょうど良い加減〟でやめることも大事**です。

たとえば、社内向けのメールは要件を簡潔に書き、敬語を使いすぎないようにする、留守中の人宛てにかかってきた電話の伝言メモは、清書しないと割り切る、など。

定型業務は自分で折り合いをつけないと、終わりなき作業になってしまいます。ある程度のところで見切りをつけるようにしましょう。

私にもたくさん失敗があります。

保険会社で働いていた20代の頃のこと。大きな仕事を終えて上司に報告書を作るとき、立派な報告書を作ろうとした私は7ページにわたり文章を打ち、何度も推敲を重ねました。来る日も来る日も報告書作成に精を出し、上司に提出したのは1週間後。

ところが上司は、仕事が終わった翌日に報告書を読みたかったのです。報告書は1枚に要点をギュッとまとめてあるもので十分でした。私が詳細に書き連ねた文書は自己満足に終わり、その日から「鈴木は仕事が遅い」というレッテルを貼られてしまいました。

実は優秀な前任者が丁寧な報告書を作成していたので、そのマネをしたのです。しかし、上司が人事異動のため代わってしまい、次の上司は、求めるものが違いました。ですから、あらかじめ「昨年度の報告書をご覧ください。同じ形式で作成すればよいですか？」とか、「納期はいつですか？」と確認しておけばよかったと反省しました。

仕事はキャッチボールと同じです。相手は「指示」「依頼」「質問」といったボールを投げてきます。ボールを受け取ったら、返さなければなりません。１００点満点にしてから返そうとすると、手持ちの時間が長くなり、相手を待たせてしまいます。

しかも、ボールはあちこちからいくつも飛んできます。ボールをいくつも抱え込んでいるからテンパってしまうのです。**抱え込まずに手放す、案件を減らしていく。**そのためには80点で返すボールもあるということです。そのほうが、１００点満点で返したい仕事に打ち込めるメリットもあります。

ときには80点主義を取り入れてみると、身軽になってストレスが減り、テンパリも防げますよ。

投入時間を先に決める

効率よく仕事を回していくためには、ざっくりとでいいのでその仕事にどのくらい時間を投入するかを決めておくのがポイントです。

たとえばメールの処理は午前9時30分から10時までの30分、報告書はその後の40分というように、投入時間を決めます。つまり、やるべきことと時間をセットで考え、自分で時間制限を設定しておくのです。**「To Doリスト」に、投入時間も合わせて書き込むと間違いがないでしょう。**

さらに、何に時間をかけ、何にかけないか、適切な投入時間を設定することも重要です。利益が上がる仕事や、社外向けの仕事には時間をかけ、定型業務や雑用は短時間でさっさと済ませるなど、仕事にもメリハリをつけましょう。

決めておいた投入時間をすぎたらやめるようにします。予定しておいた時間どおりに業務が終わったら、予測が合っていたということ。もし時間をオーバーしてしまったら、予測より時間がかかってしまったか、あるいは仕事の計画の立て方に無理があったのかもしれません。

仕事に慣れてくれば、「この程度の仕事なら◯分くらいでできる」と簡単に予測が立つようになりますが、仕事に不慣れなうちは、こまめに見直し＆改善する必要があります。そのためにも、投入時間を記入した「Ｔｏ Ｄｏリスト」を残しておき、次回同じ仕事をするときに適切な時間配分でできるようにしましょう。このトライ＆エラーを繰り返しながら、自分のペースをつかんでいけばいいのです。

長い時間をかけて必要以上の仕事をすることを、過剰品質や過剰サービスといいますが、「そこまで手間をかけなくてもいいのに」と感じる仕事はたくさんあります。同時に、なるべくやることを減らしていくことも重要です。具体例をいくつか紹介しましょう。

議事録　結論ありきで決定事項などをまとめる

ある企業の部長さんから社員研修を頼まれ、打ち合わせの席で相談を受けました。部下にチーム会議の議事録を頼んだら、会話をスマホで録音し、繰り返し再生しながら3日かけて作成していたというのです。「時間をかけすぎるんだよね」と残念そうに語っていました。

その部長は営業出身ということもあり、「議事録も大事だけれど売り上げにつながらないことにそこまで時間をかける必要はない」「もっとパパッと作ってほしい」と思っていたようです。

本来なら、議事録作成にどれくらいの時間をかけたらいいのか、まず計画を立てるべきだったでしょう。たしかに議事録は記録文書のため重要ですが、**利益をもたらすものでなければ、長い時間をかけて作成するものではありません。**

コストに見合った仕事をすると考えると、「30分くらいで仕上げよう」などと投入時間を決め、その制限時間内で終わらせます。

なお、議事録の書き方は結論先行です。会議で何が決まったかを先に書き、次に経緯や理由を箇条書きすれば十分です。スマホで録音せず、メモしたもので手早く作成しましょう。

社内会議用資料 パワポのデザインに凝るのをやめる

会議など社内用の資料作成は、長い時間をかける必要はありません。

パワポの資料で、デザイナーのごとくカラーやフォント（書体）などのデザインに凝って見栄えをよくすることに時間をかけたり、テキストレベルでわかることをエクセルできれいにつくったりしている人がいます。

社外に見せるものや、勝ちを取りに行くようなプレゼン用の資料ならともかく、**社内用の資料に全力投球するのは、かけるべき時間を間違えています。**

大企業の知人に聞いた話ですが、社内用の会議資料をパワポで作った際、「このフォントは常務が好きではないから」とフォントを変更して作り直したことがあるそうです。会社では往々にして、こういった1円にもならないことに手を煩《わずら》わせられることがあります。自分のところでそういったムダを断ち切れるかどうかは別にして、担当者が変わるなど何かの折にムダを改善できるといいですね。

基本的には、社内用の資料は見やすければ十分です。あくまでも中身で勝負しましょう。

日報 残業してまで書くものではない!?

以前、研修にうかがった中小企業の事例ですが、なんと、日報を書くために社員全員が残業をしているというのです。社長から「日報のために残業代を払うのがもったいない。1人1時間だとしても、人数分の掛け算になるのでコストがかさんでしまう」という相談を受けました。「その社長がケチだ」なんて思わないでくださいね。せっかく社員が、頑張って売り上げても、利益が下がってしまうのですから社員のためになりません。

相談された社長が言っていたのは、「外出時などにスマホで日報を読むので、その日の成果を3行で書いてくれればいい」と。でも社員たちは、ワード1枚分を書いていました。つまり、社長が求めるものとギャップがあったのです。社長は、どうしたらいいかがわからず、社外の私に相談してきたのでした。研修を終えてから「3行の日報メール」に変えたのはいうまでもありません。

企業や上司の方針によって3行は少なすぎるかもしれませんが、**日報に時間をかけすぎず、お互いにサクッとその日の仕事を終わらせる**ことが、ひいては会社のためにもなるのです。

なかには1週間分ためこんでまとめて日報を書く強者《つわもの》もいますが、それはそれでまとまった時間が必要になり、効率的ではありません。

やはり何に時間をかけて何にかけないか、仕事のメリハリを考えることがここでも大事になってくるでしょう。

新入社員や異動、転職してきた人向け

テンパりにくくする3つのコツ

新入社員や異動、転職してきた人に向けて、やっておくと便利なものを紹介しましょう。

入社したらなるべく早めに、以下の3つを作成、確認するとテンパリ予防につながります。

①内線番号や、社用の携帯電話番号が記された座席表の作成
②顧客先リストの作成
③顧客先への連絡方法の優先順位の確認

❶内線番号や、社用の携帯電話番号が記された座席表の作成

会社に入ってすぐは、名前を覚えるのも大変です。そこで社内の座席表を作って、座席

の位置と名前をまとめて覚えてしまうというもの。名前がわからなくてテンパることを防ぎます。私自身も新人の頃、おじさんの背中がみんな同じに見えたものです（笑）。

加えて、座席に内線番号や社用の携帯電話番号も記入しておけば、電話を取り次ぐたびに、名前を覚える機会が増えます。また、外出中の人には素早く電話をかけられます。

❷顧客先リストの作成

顧客先リストもぜひ作ってください。入社したての頃は、顧客先の社名もよくわかりません。正式名称と担当者の名前をきちんと把握するためでもあります。先輩社員が持っていればそれを見せてもらい、以後、データを更新していってもいいでしょう。

❸顧客先への連絡方法の優先順位の確認

顧客先への連絡方法の優先順位とは、どの連絡手段を優先して使えばいいかということ。たとえばA社の○○様への連絡には1番はメール、2番は携帯電話、3番は固定電話というふうに、顧客先によって連絡方法は違いますので、先輩社員などに聞いておきましょう。「携帯電話にかけたら怒られた」「急ぎのときは電話ではなくむしろメールにしてほしい」など、その会社、担当者によって認識が違う場合もあります。相手の負担にならないもの、お互いに都合のいい連絡方法を知っておくことも、テンパらないコツです。

超重要！　社内メールこそ時短しよう

メールの処理でてんてこ舞いになっていませんか？

1日50通以上メールのやり取りをする人も珍しくないうえに、テレワークでメールやチャットのやり取りがこれまで以上に増えた人もいるでしょう。

受信して読んでは返信することを繰り返していると、それだけで時間をとられてしまいます。メールのなかには、重要でないやり取りもあるため、処理に追われてテンパってしまうことのないようにスリム化する必要があります。

とはいえ、社外メールをスリム化するのは現実的ではありません。スリム化すべきは、「社内メール」です。長文で敬語がてんこ盛りの内容にするのは、上司や同僚の時間を奪うことにつながります。

社内メールを時短するポイントを紹介しましょう。

社員は家族同然と心得よう

社外メールの相手はお客様や取引先です。つまり、お金が動いたり、利益にかかわるものだということを常に念頭に置く必要があります。ミスのないように丁寧に書きましょう。

一方、社内メールの相手は社員です。社内上の身内であり、家族同然であるといえます。上司か同僚かにかかわらず、目的の多くは「報連相」のためなので、完結に書くことが重要です。

私は、社内メールであれば部署名や役職名を省略してもいいと思っています。

社内メールの宛名に「営業第二部　次長　山本一郎様」などと丁寧に書く人がいますが、時間のムダになるだけではありません。後で「君、私は次長じゃなくて部長だよ（昇進したのを知らないのか！）」などと指摘されることがあると厄介《やっかい》です。

社内メールの宛名は「山本さん」のように「さんづけ」で書いても何も問題ありません。もちろん「様」でもかまいませんが、職場で名前を呼び合うときは「○○さん」と呼びますから、「さんづけ」のほうが自然ではないでしょうか。

ただし、会社によっては社内メールでも部署名や役職名、フルネームを書くのが流儀の場合もあるため、会社のルールに合わせましょう。

敬語てんこ盛りの長文は不要

長文で敬語がてんこ盛りでは相手の時間を奪うと書きました。

長文になってしまう原因の1つに、〝必要以上に敬語を使うこと〟があります。

社内メールの場合は、**相手が上司であっても、適度な敬語を使えば失礼には当たらない**と、私は考えています。

丁寧で長い文章を書いたからといって、読み手が喜ぶとは限りません。「お忙しいところ大変恐縮ですが」「時節柄ご自愛ください」「今後ともご指導を賜りますようお願い申し上げます」など、余計な気遣いフレーズや過剰な敬語を入れると、どんどん文章は長くなります。

書くほうも時間がかかりますが、読むほうも時間がかかります。忙しい人は、デスクでメールを読む時間も限られていると心得て、できるだけ短文で済ませましょう。

件名だけで結論がわかるくらいのほうが喜ばれる

社内メールを送る際、件名（タイトル）だけで結論がわかるくらいのほうが喜ばれます。

長々とメールを書き、読み手に「要するに何なの？」と思われてしまうメールや、最後まで読まないと結論がわからないようなメールは避けましょう。

忙しい相手には、**件名を読めば結論がズバリとわかるメールや、結論が端的に示されたメールを送りましょう。**変更事項がある場合は、↓などを使ってビフォーアフターがわかるようにするといいでしょう。

たとえば「A社受注できました！」「【○○会議変更】5日（月）15時↓6日（火）14時」などとすれば、読み手はひとまず本文を開く必要がなくなりますし、相手が外出先からスマホで読んでも、そのまますぐ返信ができます。

読み手に「デスクに戻ってから返信しよう」と判断させてしまうようなメールだと、それだけ返信が遅くなり、仕事が先送りになります。わかりやすいメール、端的なメールを書くことで、お互いの仕事がはかどるのです。

「打ち合わせの件」「議事録送ります」などという曖昧《あいまい》な件名では、いつ、何の打ち合わせなのか、重要なものなのか、返信が必要なものなのかもわかりません。「○月○日○○会議の資料送付」などとしましょう。

ただし、件名に情報を盛り込みすぎるとかえって読みにくくなります。読みやすさを考えると、**件名は20文字以内を基本にしましょう。**

また、件名の頭には、【依頼】【報告】【確認】【緊急】などとメールの種類を表す言葉を入れておくと用件が伝わりやすくなります。

忙しい人ほどＣＣメールは読まれないと心得よ

某有名大企業の管理職になっていた同級生の男性と20年ぶりに再会したときのこと。彼は非常に多忙で、メールの話になりました。

「１日にどのくらいメールが来るの？」と聞くと、「80通」と言うではありませんか。なんでそんなに多いのか理由を聞くと、ＣＣメールが多いというのです。

多くの部下を抱えている管理職には、「報連相」のメールが絶えず届きます。上司によっては「必ずＣＣに自分を入れてほしい」という人もいるかもしれませんが、彼はなんでもかんでも、ＣＣでメールが来ることを好ましく思っていないようでした。

そのとき聞いたのが、「ＣＣメールを読むか読まないかは、瞬時に決める」ということ。送信者と件名だけ見れば、必要な情報かどうかは、すぐに判断できるというのです。

そのとき「やはり件名のつけ方は重要だな」と痛感しました。

忙しい相手ほど、返信の必要がないＣＣメールを読む優先順位は下がります。

ＣＣメールはあくまでも、メールを送ったという証拠のために送ることが多いもの。何かあったとき以外、積極的には読まれません。ですから、「忙しい人に送るＣＣメールは読まれない」と思っていたほうが賢明でしょう。そこで大事なことは、口頭でも念押しするのがおすすめです。「先ほどメールを送りましたが、その件で補足させてください」などと話しかけると、確実に伝わります。メールを送ったからといって安心せず、もう一歩働きかけるとよいでしょう。

メールの見落としや処理もれを確実になくそう

1日に何十通もメールを処理する場合、どうしても「後で返信しよう」と思いながら忘れてしまうことがあります。

既読のメールを「未開封（未読）」にしておいて後で返信するつもりが、受信トレイにメールがどんどん溜まっていき、知らないうちに「開封」になっていたり、多くのメールに埋もれてしまったり……などという失敗談もあります。

後から「あのメール、どこいった？」「検索しても出てこない！」などとテンパらないために、重要なメールや「要返信」メールには、フラグやタグ（ラベル）づけをしておきましょう。フラグやタグをつけておくと、メールの検索もラクにできます。

私はフラグやタグに加えて、メールボックスの仕分けもしています。「処理済み」と「未処理」「削除済み」にフォルダを分け、受信トレイに残っているのは基本的に「未処理」のメールのみにしています。未処理のものは処理したら「処理済み」へ、もう見ないメールは「削除済み」に振り分けます。受信トレイに置いてあるメールが激減し、見落としや返信のし忘れがなくせるようになります。

未読と既読で判別する方法もありますが、見分けがつきにくくなることも。それよりも、未処理と処理済みで分けてはいかがでしょうか。使っているメールソフトによってやり方は違いますが、**メールも整理整頓して、処理もれを防ぐ工夫をすることで、時間も節約でき、テンパリ防止につながります。**

納期を前倒しで進める「Ｍｙ締切」

本来の提出日よりも前倒しにして進めることができれば、テンパらずに済みます。

では、どうやって!?　テンパリさんにとって納期を前倒しにして進めるのは難しいと思われるかもしれません。

そこでおすすめしているのが「Ｍｙ締切」です。

やり方は簡単です。まず提出物の締め切りや納期を確認します。多くの人は、相手から言われた締め切り日をゴールにして仕事に着手しますよね。しかも、１日でも遅れたらそれだけでテンパってしまいます。そこで、あえて**本当の締め切り日よりも１日以上前倒しにした完成日を設定してください。**これが「Ｍｙ締切」です。自分で自分にアポをとるようなイメージです。

つまり、本当の締め切りと「Ｍｙ締切」、締め切り日を２つ設定することになります。そして本来の締め切り日より前に完成させたら、相手に提出してしまうのです。１日でも早く提出すれば、感謝されます。自分も嬉しいですよね。

「Ｍｙ締切」を設定すると、その仕事をスタートする日が早くなります。この日からスタートすると決めたら、それも予定に入れてしまいましょう。いくら「Ｍｙ締切」を設定しても、締め切りギリギリに慌ててスタートしたら、間に合わなくなる可能性もあります。これでは意味がありません。

「Ｍｙ締切」のメリットは、１日前に提出したら１日分、時間に余裕ができること。バタバタ＆ギリギリの仕事がなくなれば、ミスも減ります。マイペースを保てるのでテンパリも減り、できた時間で次の仕事をしたり、新しい企画を考えるなど、一段上の仕事にチャレンジすることもできます。

時間がかかる案件は「スモールステップ」で進める

「スモールステップ」とは、米国の心理学者バラス・フレデリック・スキナー氏が開発した理論です。彼は、大きな目標を成し遂げるためには、小さな目標に細分化することを提唱しました。

いきなり大きな目標を掲げてしまうと、「そんなの無理」と諦めたり、逃げたくなったりするかもしれません。一方、小さな目標なら、取り組みやすくなります。終わったら、達成感を味わうこともできます。

目標を達成するためには、モチベーションを維持することも大切です。スモールステップでは、「ここまでできた！」「よし、次の一歩も頑張ろう」と意欲が湧きやすくなる効果もあります。元々は教育現場で使われていた理論ですが、現在はビジネスでも使われています。日々の仕事でも、時間がかかる案件は、「スモールステップ」で進めましょう。

やり方は簡単。まずは、仕事を細かく分けて、やることや手順を書き出します。次に、それぞれの工程にどのくらい時間をかけるのかを見積もります。

工程ごとに分けることで、**仕事の高い山がいくつかの低い山に分散されてハードルが下がり、取り組みやすくなります。**仕事が終わったら、計画と実際との誤差を比べて、もっと時短になる方法はないかな、と学びを得ることもできます。

仕事を〝グループ化〟すると効率アップ

同じ業務をまとめて行うことを、業務の「同質化」といいます。同じ作業を1日に何度も行うのは時間がもったいない！　仕事の順番を見直して、まとめて行うことで時間のムダを省きます。

たとえばメールのチェック。メールが来るたびにチェックし、返信していては時間がかかります。これを1日に4回など時間と回数を決めます。

また午前中は企画書や見積書の作成などデスクワークを集中して行い、午後は後輩指導や打ち合わせなどのコミュニケーションタイムに分けるというのも1つの方法。業種によっても違いますが、午前中は取引先A社の仕事、午後はB社の仕事と分ける方法や、外回りの日とデスクワークの日に分ける方法など、業務の内容によって工夫してみましょう。

ちょこちょこと違う業務が挟まると集中力が途切れますし、パソコンの画面を開いたり

時間がかかる案件は「スモールステップ」で進める

かたまりをほぐすメリット

①ゴールとプロセスがわかる
②手順を踏んで進められる
③タスクのヌケ・モレがなくなる
④納期を守れる

事前・事後のチェックポイント

①適切な投入時間か?
②ムダはないか?
③もっと短縮化するためのアイデアはないか?

閉じたりしなければなりません。また、資料を出したりしまったりが繰り返されれば、デスクも乱雑になってしまいます。

一度違う業務をしてしまうと、元のペースまで戻るのに時間がかかり、仕事が遅くなりがちです。ある一定の区切りまでやってから、ほかの業務に移るといいでしょう。

また131ページの図を参考に、業務フローやマニュアルを作成する「標準化」、繁忙期と余裕がある時期のムラをなくす「平準化」も意識して効率化を図ってみてください。

定型業務をスピードアップする裏ワザ

毎日繰り返される定型業務をスピードアップすると、結果的にテンパリを防ぐことができます。仕事のなかで定型業務が占める割合は大きく、ここが改善されると仕事がグンとラクになります。スピードアップには準備が不可欠です。ここではそのなかでも主にメールや電話についてのコツを紹介しましょう。

メールのＴｏ Ｄｏ

「メールに準備なんて必要なの？」「面倒くさそう」と思われる方、大丈夫です。ほんの

業務の同質化、標準化、平準化

❶ 同質化

同質化とは 同じ種類の仕事をまとめてやることを「同質化」という。

メリット 仕事がスピードアップする、集中力が続く

実践例
- メールチェックは1日に4回など、おおよその時間と回数を決めておく
- 午前は集中タイム、午後はコミュニケーションタイムに分ける

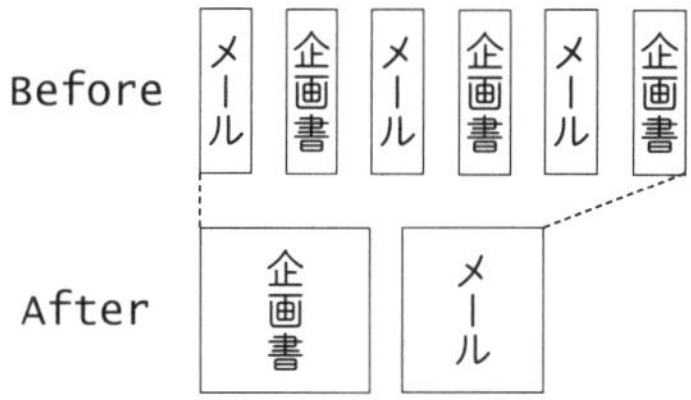

❷ 標準化

標準化とは 定型業務や単純作業を、だれがやっても同じように仕事ができるようにすることを「標準化」という。

メリット 人によるバラつき、属人化を防げる

実践例
- 業務マニュアル、業務フロー、チェックリストなどを作る
- 指導するときに使えたり、引き継ぎ書にもなる

❸ 平準化

平準化とは 繁閑の差をなくし、毎日の仕事量をほぼ一定に保つことを業務の「平準化」という。

メリット 残業を減らせて、毎日定時に帰れる

実践例
- 余裕のあるときに、締め切りがまだ先の仕事に手をつける
- 時間ができたら、いつかやろうと先延ばししたことをやる

数分でできる準備です。

まずは、**メール作成画面にやることを直接箇条書きにする方法。**

たとえばメールでお客様に見積書を添付で送る場合。メールで送るのは見積書（添付）と、そのためのパスワード（別送）だとします。メールの添付やパスワードの別送は、忘れがちなもの。また、購入の検討をしているお客様に対しては、お客様にいい印象をもっていただけるよう、お礼も伝える必要があります。

これらのやることや書くことを思いついたら、文字にして可視化します。具体的にはメール作成画面に、直接以下のように箇条書きするといいでしょう。

・お礼
・見積書添付
・パスワード別送

1つ目の「お礼」は文章にしますが、「見積書添付」「パスワード別送」などのアクションも文字にしておくのがポイントです。こうして自分で自分に忘れないように注意を促すのです。

箇条書きを見直しながらメールの文章を書いたり、添付をしたりします。考えながら文章を書く「ながら作業」は、一見すると仕事が速いようですが、結果的にミスが発生しやすいもの。もちろん紙のメモに書いてもOK。このようなちょっとした準備をすることがテンパらないコツなのです。

単語登録

単語登録をしておくと、メールのスピードアップにつながります。

単語登録とは、たとえば「@いつ」と入力すると「いつもお世話になっております。アオハル商事の鈴木と申します。」といったように、瞬時に出てくるように設定する機能です。挨拶文のほかには、自社の製品やサービスの名称、オフィスの住所、会社の口座などを登録しておくと便利です。

なお、単語登録するときはマイルールを決めておきましょう。たとえば例で紹介したように、**「@」の後に「ひらがな2文字」などと決めます。**先頭には「@」などの記号を入れるようにするのがポイントです。文字だけで登録すると、ほかの「いつ」がつく言葉（例：いつですか？　五つ、など）を書きたいときに、意図せず変換されてしまうことがあるためです。

署名

メールを送る際、あなたの社名や部署、名前、連絡先が書かれた「署名」を入れている人がほとんどだと思います。この署名に、**お知らせを1行加えると、その都度連絡する手間が省けます。**

たとえば「本日は在宅勤務です。連絡はメールでお願いします」というように。年末年始の休業や、夏季休暇の予定などは1カ月くらい前から署名に入れておきましょう。

このようなメールのテクニックは、「メールが面倒だから」というネガティブな理由からではありません。メールに振り回されることなく、本当にやりたかった仕事、時間をかけたい仕事に集中するためです。そうすることであなたの強みが生かされ、成果が発揮されていきます。

電話をかける前に

仕事において、準備は投資です。投資すればリターンが期待できます。ほんのちょっとした準備に時間をかけるだけで、仕事のスピードアップにつながります。これは、メールに限らず、電話でも同様です。

電話をかける前に何も準備をしないと、かけた後で「何を話そうとしてたんだっけ？」と途中で思い出せなくなったり、電話を切った後で大事なことを伝え忘れたことを思い出したりすることがあります。

そんなことにならないように、電話をかける前の準備について紹介しましょう。

①自分が話すことをメモする

・話し言葉にすると時間がかかるので、単語を書き出したり、箇条書きにするだけでよい
・先頭に番号をつけて、話す順序を決める
・結論が先
・メモを見ながら順を追って話す

②相手の都合を聞く

・本題に入る前に相手の都合を聞く
・時間は3分がベストで、長くても5分くらい

③必要なメールや書類を出しておく

・メールやファイルを開いておく
・日程確認のために手帳やスケジューラーも開く

④筆記用具を手元に置く

・相手とやりとりした内容、約束したことなどは、忘れないようメモを取る

⑤騒音、電波、充電を確認する

・静かなオフィスにいて固定電話からかけるときは問題ないが、外からかけるときは騒音がなく静かな場所を選ぶ。電車のホームは、騒がしいことが多い
・電波の状況はよいか、スマホや携帯電話は充電されているかも確認する

PCのショートカット

PCのショートカット機能を習得しておくと、メールのみならず、テキスト入力の時短につながります。

ショートカット機能とは、Windowsの場合、パソコンのキーボードの「Ctrl（コ

ショートカットキー一覧

Ctrl + X	選択した項目を切り取る
Ctrl + C	選択した項目をコピーする
Ctrl + V	選択した項目を貼り付ける
Ctrl + A	ドキュメント内またはウィンドウ内のすべての項目を選択する
Ctrl + Z	操作を元に戻す
Ctrl + S	上書き保存する
Ctrl + F	検索窓を開く
Ctrl + D	選択した項目を削除し、ごみ箱に移動する
Ctrl + P	印刷画面を表示する
F2	選択された項目の名前を変更する
F3	エクスプローラーでファイルまたはフォルダを検索する
F5	作業中のウィンドウを最新の情報に更新する（スーパーリロード）
End	作業中のウインドウの一番下を表示する
Home	作業中のウインドウの一番上を表示する
Ctrl + →	次の単語の先頭にカーソルを移動する
Ctrl + ←	前の単語の先頭にカーソルを移動する
Ctrl + ↓	次の段落の先頭にカーソルを移動する
Ctrl + ↑	前の段落の先頭にカーソルを移動する
Windows キー + D	デスクトップを表示または非表示にする
Windows キー + M	すべてのウィンドウを最小化する
Windows キー + ↑	ウィンドウを最大化する
Windows キー + ↓	現在のアプリを画面から削除する、またはデスクトップ ウィンドウを最小化する
Windows キー + ←	画面の左側にアプリまたはデスクトップ ウィンドウを最大化する
Windows キー + →	画面の右側にアプリまたはデスクトップ ウィンドウを最大化する

*この一覧はWindowsの例です。使用するOSのバージョンやアプリケーションによって操作方法が異なる場合があります。

ントロール）」や「Alt（オルト）」などのキーと、アルファベットのキーなどを組み合わせて押すことで、コピーやペースト（貼り付け）、削除などのさまざまな操作を行うことができる機能のことをいいます。

だれもが駆使しているものだと思っていましたが、意外とショートカット機能を知らない人も多いようです。これは圧倒的な時短になりますし、作業もラクにできます。知っているのと知らないのとでは大違い。よく使うものは覚えてしまいましょう。

ただしＭＡＣを使用している人は、Ｗｉｎｄｏｗｓとはキーが違い、「Command（コマンド）」「Shift（シフト）」「Control（コントロール）」キーなどを使います。

いくつか代表的なものを１３７ページに紹介しておきますので、一覧をデスク周りなどに貼り、いつもすぐに確認できる状況にしておくと、覚えやすいですよ。

音声入力

スマホに話しかけるだけで、簡単に文字入力できるのが、音声入力です。

急いでいるときに、スマホでの文字入力がまどろっこしく感じることがあるかもしれません。そんなとき、スマホに話しかけるだけで文字が入力できる機能は、とても便利です。

メールはもちろん、Ｗｏｒｄで文章を書くときのほか、ＬＩＮＥでも利用が可能。手動で入力するより、断然早く、正確に入力できます。

まず、自分のスマホの音声入力が有効になっているかどうかを確かめてから行いましょう。

ただし、周囲の音も声として拾ってしまうので、できるだけ静かな場所で、周りに人がいないときに行う必要があります。また、仕事の重要なやりとりや機密事項などの場合、周囲の人に聞かれては困ります。外部にもれてしまうことのないよう、音声入力する際は、細心の注意を払うようにしてください。

スムーズな日程調整のテクニック

複数の人が集まる案件の場合、全員の予定を聞き、都合が合う日を調整するのはなかなか大変です。いつまでも日程が決まらないことも多々あります。

そこで日程調整のコツをお伝えしましょう。

まずは、**役職が上など偉い人、人数の多い案件から調整して、日程を仮押さえします。**

また、歓送迎会は主賓の予定を最優先、接待や会食はお客様の都合を優先します。その際、日程の候補を漠然と聞くのではなく、こちらから候補日を3〜5日ほど出したうえで、相手に選んでもらいましょう。

また、日程を仮押さえした場合、いつまでも仮のままで決定しないと困ります。忙しいメンバーで調整をしているので、返事を待っている間に次々に予定が入ってしまう可能性もあります。「○月○日までにお返事をください」などと伝えて、仮押さえの期限を決めるようにしましょう。

これまでのやり方を変えてもOK

これまでのやり方に固執しないことも時短のコツ。お互いの時間を奪い合わないためにも、効率よくできるほうを選択しましょう。

オンラインでの打ち合わせや会議にすると、移動しなくてよいので効率的です。

もちろん対面のよさはあるので、相手と相談しながらになりますが、効率のいい新しいやり方を提案してみるのもいいでしょう。

そのほか、郵送をメールに変更するのもその１つ。郵送していた請求書を、メールにＰＤＦを添付する形で送ってもよくなった会社も増えています。

そのほか、契約書が電子化されたり、捺印をなくしたり、社内メールはチャットに変えたりするなど、効率化が進んでいます。

先日、研修に招かれた企業では、日報をなくし、その代わりに短時間の夕礼を開いていました。夕礼では、今日の報告をし合うのだそうです。

メンバー全員が集まって、朝礼では今日の予定を伝え、夕礼では振り返りをする。日報だと、部下から上司へ〝縦方向〟の報告になりますが、朝礼と夕礼では、メンバー同士が〝横方向〟の情報共有もできるので好評でした。

仕事の目的をつかめば、時短の道が開けてくる

今朝は、アオハル社の近くにある「ハッスル珈琲店」に3人が集まりました。マスターが淹《い》れるドリップ珈琲の香りが店内に漂い、3人はモーニングを食べながら近況を報告し合っています。

先日、上司との面談が終わったので報告します。上司から「営業頑張ってるね。残業も減ってきているので、この調子で頑張ってほしい」と褒められちゃいました。

イエーイ！　おめでとう。珈琲で乾杯しましょ。

早帰りできたら、何をしようかな〜。

あれもこれも楽しんでちょーだい。で、テンパリちゃんは最近どう？

すずまりセンパイに時短テクニックを教わってから、メールに時間をかけすぎないよ

うにしています。総務にとってお客様は社員ともいえるので、これまでは丁寧な言葉づかいで、敬語をたくさん使って、長いメールを書いてたんですよ。

確かに、テンパリちゃんのメールって丁寧ですよね。

でも考えを変えました。昨日、営業部から問い合わせがあって、クイックレスポンスをしたら喜ばれたんです。その時、いくら文章が丁寧でも、結果的に営業部の人を待たせてしまうと逆効果かもって気づきました。

そうなんです。営業は、問い合わせをした後、返事はまだかな〜、って待っています。お客様にスピード感をもって対応することで、満足してもらうためですね。

私はテンパリくんのように直接お客様と接する仕事は少ないけれど、これからは読み手に負担をかけないメールを送ることにしました。忙しい人は、メールを読んだり返したりする時間がなかなか取れませんから。

うんうん。2人とも時短の目的をちゃんと理解したうえでテクニックを使っていて立派だわ。バッチグーよ。

私が若手社員の頃は、なんでも早くやればいいと思っていたの。つまりスピードと正確さの両方を求められていると気づかなかったわけ。だからセルフチェックをしなかったり、独断で進めたりして、たくさんのミスをしちゃったわ。

早くセンパイのように、時短で正確な仕事ができるようになりたい！

テンパリくんとテンパリちゃんは、1人でやる仕事はテンパらずに進められる兆しが見えてきました。すずまりセンパイは嬉しい反面、（2人に必要なことはまだある）と思っています。はてさて、2人を見つめるすずまりセンパイは何を考えているのでしょうか。

次なるレクチャーをお楽しみに！

第5章のまとめ

・80点主義になればテンパらない
・社内メールのムダをどんどん省こう
・納期を前倒しする「My締切」を習慣づける
・「スモールステップ」で計画すると進めやすい
・小さな時短の積み重ねから生まれるゆとりは大きい

第6章

仕事の抱え込みをなくす「コミュニケーション術」

≫ 職場の無茶ぶりにどう対応すればいい？

すずまりセンパイがデスクに座っていると、テンパリちゃんが近寄って来ました。「差し入れです」とチョコレートを差し出してくれましたが、なんだか浮かない顔をしています。

あら、テンパリちゃん、ごちそうさま。疲れたときに食べるチョコレートは格別ね。むむ？　顔色がよくないみたいだけど、体調悪いの？

実は、人間関係のことで相談したくて来ました。チームに「大至急やって」が口癖の人がいるんです。夕方5時過ぎになってから「明日の会議で使う資料を絶対今日中に作って」と指示を出してきて。会議があるのは、1カ月前から決まってるのに……。

うん、うん。それで？

もっと早く指示を出せるのに、ギリギリまで放っておいて、直前になってから人に振るんです。私はアシスタントだから、「ハイ」って言うしかなくって、残業することに。無茶ぶりにうんざりして、その人のことをキライになりかけてます。

人に対する好き嫌いの感情によって、やる気が出たり、やる気がなくなったりするのは困るわね。テンパリちゃんはプロなんだから、だれとでもうまく仕事ができるようにならないと。

気になるのは、「私はアシスタントだから、『ハイ』って言うしかない」って思い込んでいるところ。自分の状況をちゃんと報連相してるのかしら？

頭ではわかっているんですけど、その人に苦手意識があるから話しかけるのもイヤなんです。

原因は双方にあるようね。どうやら、お相手は自覚症状なしのテンパリさん。テンパリさん同士がコンビを組むと、仕事がうまくいかなくて当然よ。「過去と他人は変えられない。未来と自分は変えられる」（エリック・バーン）という言葉を知ってる？

相手を変えようとせずに、テンパリちゃんが変われはいいの。人を巻き込んだり、動かす方法をアドバイスするから、耳をダンボにして聞いてね。

こまめな状況報告がテンパリを防いでくれる

1人で仕事を抱え込む人は、状況報告を忘れがちです。

もしあなたがキャパオーバーの仕事をしてテンパっていたとしても、**周囲からはあなたが何をやっているか見えないため、助けようがありません。**状況を伝えないまま頑張ってしまうと、「あの人は1人でも大丈夫なんだな」と思われてしまいます。でも、抱えきれないほどの仕事を1人でやるのは非効率です。

また自分は自分、人は人と、縦割りの仕事をしていると、担当者が不在のときや異動になったときに仕事が回らなくなってしまいます。そうなると、あなただけでなく、チーム全体、ひいてはお客様や取引先が困ってしまいます。

こまめに状況を伝えるようにすると、アドバイスをもらったり、途中で軌道修正できたりするので、テンパリを防げます。もっと周りを巻き込みましょう。

中間報告を挟む上手な「報・連・相」

これまで何度か出てきた「報連相」という言葉。「報告・連絡・相談」の略ということはもうおわかりですよね。テンパリさんはぜひ自ら報連相をしましょう。改めて、報連相について確認していきます。

報告

報告には終了報告と中間報告があります。

■終了報告

終了報告とは、指示された仕事が終わったときに報告すること。ポイントは４つです。

①仕事が終わったら速やかに指示された人に報告する
②報告は事実を述べる。主観・感想・憶測はいらない
③話の組み立ては、結論↓理由↓経過の順にする
④複雑な内容や数字を報告したり、記録に残す場合は、口頭だけでなく、文書やメール

などを活用する

■中間報告

指示された仕事が完了する前に、途中で行う報告を中間報告といいます。中間報告をするタイミングは、次の5つを参考にしてください。

①ミスをしたとき（その場でなるべく早く）
②計画通りに進まなくなったとき
③仕事や人の状況が変わったとき
④自分では判断できないとき
⑤仕事の結果について見通しがついたとき（うまくいってもいかなくても報告する）

連絡

連絡とは、今抱えている仕事や進捗状況、自分が入手した情報でメンバーの役に立つことなどを積極的に自己発信していくことです。また、仕事以外のことであっても、自分自身の状況について知らせましょう。

①抱えている仕事や締め切り、またそれらの進捗状況（「ここまで終わりました」など）

②今後の予定
③自分が入手した情報でメンバーの役に立つこと
④体調が悪いとき、休みを取りたいとき、自分や家族が病気になったり事故に遭ったりしたとき
⑤生活環境の変化（引っ越し、結婚、出産、介護など）があるとき

相談

相談とは、疑問が生じたり、問題が起きたりしたときに上司や先輩社員などからアドバイスをもらうことです。具体的には次のようなときを目安にしてください。

①仕事中に不明な点があり、自分では判断できないとき
②複数の案件を抱え、優先順位がわからないとき
③上司やお客様からの期待・要望に応えられないとき
④悩みを抱えているとき

自分から報連相をすると、周りの人から信頼されるようになります。一方で、よく若手社員からは、「上司が忙しそうだから話しかけにくい」という声も聞きます。

その場合、いきなり本題に入るのではなく、「○○課長、□□の件で報告したいのですが、3分ほどお時間をいただけますか」と、まず都合を尋ねるといいでしょう。

ただし、ミスをしたりクレームがあったりした場合、遠慮は無用です。いち早く上司の耳に入れてください。早ければ早いほど問題解決につながるためです。

テンパリさんにおすすめしたい中間報告のタイミング

テンパリさんがとくに意識してほしいのは、中間報告です。

「中間」という言葉を聞くと、仕事が5割済んだところで報告すればいいと思われるかもしれませんが、3割進んだところで報告するようにしてみてください。もし何か修正点や改善点があったときの効率を考えると、5割済んだところよりも、3割の時点で早めに検討したほうがいいのです。

また、上司から見ると3割済んだところでだいたいその仕事の全体像が見える、完成形がイメージできるといいます。**方向性が違ったり、やり方が違ったりするときにここでアドバイスすれば、修正も早くできるのです。**

自分都合で周囲を振り回さないためには、何をする？

「自分の予定は手帳やスケジューラーでしっかり管理しています！」というテンパリさんのあなた、では上司や同僚の予定は把握していますか？

仕事をスピードアップするためには、相手の予定を押さえることも必要です。

たとえばあなたが上司に作成した書類をチェックしてもらいたいとします。あなたが締め切り当日に慌てて書類を作り、上司に見てもらおうと目論《もくろ》んでいたとしても……なんと上司は朝から取引先に直行していた、出張していた、休暇を取っていた、などということもあり得ます。この時点であなたは、書類提出の締め切りを守れないことになるのです。

あなたに都合があるように、上司や同僚にも都合があります。外出することもあれば、数日間にわたり休むこともある。ですから、人と一緒に仕事をする以上、あらかじめ相手の予定を知っておくことが必要です。

日頃から相手の不在日や都合が悪い日を知っておけば、前もってお願いごとを済ませることができ、納期遅延がなくなります。

上司に「今日中に絶対見てください」「至急お願いします」と言う部下は結構います

（若手社員の頃の私もそうでした）。上司はさまざまな仕事を抱えています。こんなふうに上司を急かしたり振り回したりするのは望ましくありません。

大切なのは、相手の立場に立って仕事をすること。するとあなたは上司や同僚から〝一緒に仕事をしたくなる人〟になるでしょう。そして相手からも大切にされ、結果としてあなたの仕事がスピードアップするでしょう。

仕事を振られても「ＮＯ」と言うべきときとは

仕事を抱えこんで立ちいかなくなってしまう人にありがちな特徴が、「ＮＯ」と言えないこと。

「ＮＯ」と言って嫌われたくない、相手を怒らせたくない。だから安請け合いしてしまうのです。でも、無理して引き受けた結果、「できませんでした」「間に合いませんでした」となったら、それこそ「なぜ最初に〝できない〟と言ってくれなかったの！」と、相手を怒らせてしまうことになります。また、上司や同僚がその仕事を引き受けることになり、最終的に大きな迷惑をかけてしまうことになります。

仕事を振られたときに、**状況に応じて「ＮＯ」と言えるようになりましょう。**

もちろん事情を話さずにいきなり断るのではなく、今抱えている仕事の状況を正直に話して上手に断ったり、だれかにお願いしたりすれば、人間関係もスムーズに進みます。

その際に大切なのが、クッション言葉です。１５７ページにあるように、同じことを伝える場合でも、クッション言葉を上手に使うと、印象が柔らかく、気持ちも伝わりやすくなります。これらのフレーズをすぐに言えるように、日頃からストックしておきましょう。

また、１５７ページに上司からのお願いごとを断るとき、お願いごとをするとき、部下からの相談にすぐ対応できないときの実例を挙げています。

断る場合の大事なポイントは、**「できないから断る」のではなく、「なんとかやりたいけれど、できない」というスタンスです。**いつならできるのか、また、今回はできないけれど次回はお手伝いしたい、という気持ちを伝え、その後の関係が気まずくならないようにしましょう。

逆にお願いごとをするときはストレートに伝えるのではなく、「こうしてもらえるとありがたい」という気持ちを伝えたり、「～できますか？」「～してもらえませんか？」など と疑問形にすると印象がよくなります。

忙しくてすぐに対応できないときは、対応が可能な時間を提案するのがおすすめです。

く

「自分でやったほうが早い」はNG

仕事を同僚や後輩に頼むより、自分でやったほうが早いからと、人に仕事を振らない人がいます。でもいつまでもこのような考え方をもったままでは、**ずっと1人で仕事を抱え込むことになり、テンパリのループから逃れられなくなります。**

それだけではありません。会社は人材を育成する場でもあります。後輩や非正規社員に仕事を任せることは、指導や育成につながります。

もちろん仕事を丸投げしたり、雑用や、やりたくない仕事を押し付けたりするのはダメですよ。押し付けられたほうはやる気を失いますし、恨みを買うことにさえなります。

新入社員に向かって、「自分で考えてみて」と言うのも無謀というもの。新人に自分で考えさせるのは無理です。最初は手取り足取り教え、慣れてきたら仕事を任せるのです。任せられると人は嬉しくなり、やる気も出るものです。

指導や育成ができる人は、上司からも評価されるでしょう。何より、人が育てば育つほど、あなたの仕事もラクになります。

1人で仕事を独占するのではなく、後輩などに上手に仕事を振れる人こそデキる人なの

断る、お願いするときのフレーズ集

上司からのお願いごとを断る
「できません」を言い換えて…
●○日までであればできますが、いかがでしょうか
●次回はお手伝いしたいので、またお声がけください
お願いごとをする
●少し助けていただけると、たいへんありがたいです
●お力をお借りできますか
部下からの相談などにすぐに対応できないとき
「ごめん、後にして」を言い換えて…
●今立て込んでいるので、こちらから声をかけるね
●30分後に声をかけるね

クッション言葉

質問するとき	恐れ入りますが	差し支えなければ
	失礼ですが	つかぬことを伺いますが
提案するとき	よろしければ	差し支えなければ
お願いするとき	恐れ入りますが	差し支えなければ
	お手数ですが	申し訳ございませんが
	ご面倒ですが	ご迷惑でなければ
	恐縮ですが	ご足労おかけしますが
断るとき	申し訳ございませんが	せっかくですが
	誠に残念ですが	あいにく
	恐れ入りますが	大変ありがたいのですが

です。

また、ここが大切なポイントなのですが、**手柄は相手に与えましょう。**人に手伝ってもらいながら、その事実はスルーして「私がやりました」と上司に報告する人もいます。それに気づいた後輩たちは、不満を抱えます。手伝っても踏み台にされるだけと思い、協力してくれなくなるでしょう。

ここは１つ、先輩としての気遣いを見せましょう。後輩などに仕事を振ったら、上司にぜひ、「○○さん（後輩）が手伝ってくれたから、ここまでできたんです」と伝えてください。

後輩を引き上げるようなことが言える先輩って、素敵だと思いませんか。

互いの弱みを補完し合えば、頼みやすい

人にはだれしも得意・不得意があります。得意・不得意は若手だから、ベテランだからといったことは関係ありません。

本来は苦手な部分も勉強や訓練をして伸ばすべきかもしれませんが、潔く人にやっても

らうことも一考です。

たとえば職場にはパソコン操作に長けている人、企画書などの書類作りがうまい人、人前で話すのが得意な人など、さまざまな強みを持った人がいるでしょう。もしあなたにどうしても苦手なことがあれば、得意な人にお願いするのも作戦のうち。

パワーポイントに悪戦苦闘している時間があったら得意な人に頼みましょう。そうしたら半分の時間でできるかもしれません。**チーム全体の成果を視野に入れたら、結果的にプラスになるのです。**

あなたにもきっと得意なことがあるはずです。「何かあったら言ってくださいね」と言って、今度はあなたの得意分野でだれかをフォローしてあげてください。互いの弱みを補完し合い、強みを活かし合いましょう。

そして、助けてもらったら、「ありがとうございます」「助かります」と、口に出して感謝を伝えることを忘れないでください。

ここで、プラスのストロークについて紹介します。これはTA（交流分析）で紹介されている理論の1つです。

プラスのストロークは、**受け取った相手が心地よく感じるもの。**ぜひ職場のメンバーに話しかける、ほめる、ねぎらう、励ます、ほほえむなどの行動を心がけましょう。

具体的には、相手のいいところや強みに目を向けて、言葉に出して伝えます。

「○○さんの提案書は、お客様の要望に合っていますね」

「○○さんのように、人前で話せるようになりたいです」

「○○さん、いつも助けてくれてありがとう」

など、ほんの一言でいいのです。言われた相手はきっと嬉しくなり、やる気を高めることでしょう。プラスのストロークを投げると、**いずれあなたにも同じ数だけプラスのストロークが返ってきます。**

毎日同じメンバーで仕事をしていると、相手のよいところに気づきにくいかもしれません。でも、だれにでも強みや自信があるところを持っています。それを見つけて力を貸してもらい、感謝を伝える。これが仕事の効率アップにもつながるのです。

生産性がグンと向上する指示出し、お願いの仕方

人と人とが働くうえで仕事の頼み方や指示の出し方は重要です。

指示がわかりやすければ、指示を受けた人も理解しやすく、仕事もスピードアップしま

す。

今は職場も多様性のある社員が一緒に働く時代です。かつてのように、年上の上司が年下の部下に指示を出すだけではありません。若手社員が年上の部下たちの上司となったり、新入社員であっても、パートやアルバイト、派遣社員の方に仕事を頼むこともあるでしょう。

指示の出し方１つで仕事の成果も変わるくらい大切なことなのに、私たちは職場で「指示の出し方」を習うことはありません。自己流か上司の見よう見まねで指示している人も多いのではないでしょうか。

ここでは具体的なやり方を紹介しましょう。

指示を出すときも準備が大切です。指示は、**５Ｗ３Ｈで情報を整理してから伝えましょう。**

５Ｗ３Ｈとは、「だれが（Who）」「何を（What）」「いつ、いつまでに（When）」「どこで、どこに（Where）」「なぜ（Why）」「どのように（How）」「いくつ（How many）」「いくら（How much）」ということです。

指示する前に５Ｗ３Ｈを確認すれば、もれを防ぎ、あいまいな指示をしなくなります。

また指示を受ける側になったときも、５Ｗ３Ｈを意識してメモを取りましょう。そして質問があれば確認するようにしましょう。

たとえば「買い物をしてきて」という指示の場合は以下のようになります。

「だれが（Who）」……○○さん（指示を受ける人）が
「何を（What）」……チョコレートを
「いつ、いつまでに（When）」……今日、○月○日12時までに
「どこで、どこに（Where）」……□□デパートの地下1階の売り場で
「なぜ（Why）」……お客様に手土産を渡すため
「どのように（How）」……ネットでなく店頭で購入する
「いくつ（How many）」……1箱、12個入り
「いくら（How much）」……3千円以内

指示するほう、されるほう、どちらになった場合でも、５Ｗ３Ｈを意識すれば、ミスを防ぎ、仕事が効率的に進むようになります。

テンパリさんこそ「お手伝い」をすべき理由

テンパリさんは自分の仕事だけしか見ていないことが多いものです。目の前の仕事に追われ、テンパってしまう……。テンパリの自覚がある人ほど、**できるだけチーム全体を見るように心がけてみましょう。**

テンパっている人はいないか、イライラしている人はいないか。表情や態度を見ればわかりますよね。

周りの人のスケジュールや締め切りをちょっと気にしてあげる、残業が続いている人がいないか、観察してみる。忙しそうな人がいたら、「大丈夫？　30分だけ手伝うよ」とか「どこでつまずいているの？　よかったら一緒に考えるよ」など、互いにフォローし合うのです。

ただし、テンパリさんは手伝いすぎてしまうと、仕事を抱え込んでしまう恐れがあります。職場には残念ながら、〝ちゃっかりさん〟がいて、ここぞとばかりに仕事を丸投げしてくるようなケースもあります。

善意で声をかけたのに、仕事を引き受けすぎてしまわないように、「ここまでは手伝えるけど、後は自分でやってね」など、最初からできることとできないことをはっきりさせておくようにしましょう。

自分の手が空いているときこそお手伝いをしておくと、自分が困ったときも、仕事をお願いしやすくなります。日頃からギブ&テイクの関係を作っておくと、テンパリを防げるだけでなく、いい人間関係も築けるようになるのです。

仕事がしやすいチームになると、テンパりにくくなる

今でも忘れられない、史上最強のデキる後輩の話です。

とにかく気が利いて、視野が広く、なんでも手伝ってくれようとするのです。私が必死の形相でデータ入力をしていると、「今、何やってるんですかー？　データ入力だったら半分ください。手が空いたのでやりたいでーす」と申し出てくれるのです。それも、これみよがしではなくて、さりげなく、「私がやっておきますよ～」なんて言ってくれる。先輩に恥をかかせないようにしてくれるのです。

一方でイレギュラーな仕事が発生したときは、必ず先輩の私に仕事の進め方の許可を求めてくれます。優秀なのに慎重なのです。私がおなかがすいてキューッと鳴ったときは、

さりげなくお菓子を渡してくれたりして（笑）。こんな後輩がいたら、「私も彼女が困ったら手伝おう」と思いますよね。

「困ったときはお互い様」って素敵な言葉です。仕事が効率よく回るようにチーム内でフォローし合い、カバーし合う。そんな関係ができたら、チームも仕事がしやすく、テンパりにくくなります。

テンパリさんは得てして遠慮しがちですが、**抱え込まずに周りを巻き込むのが第一歩。**周りを巻き込むことを悪いことだと考えないでください。チームのためを考えるからこそ、巻き込んでしまうのです。

いかにして周りの人とうまくやれるか、テンパったときに相談して助けてもらえる人がいるかがカギです。第６章でお話ししたようなことを積み重ねて、１人でも助け合える人が作れるように日々仕事をしてみてください。

≫テンパリさんの救世主は「ホウレンソウ」⁉

今日は、3人集まって居酒屋でランチを取ることに。ひとり暮らしのテンパリくんは、たまに料理をしますが、外食が多く、どうしても野菜が不足がちです。テンパリちゃんは、そんな彼の食生活を心配して、このお店にしようと誘ってくれました。

わ～。定食セット、どれもおいしそうだな。実家の母の手料理を思い出すよ。ボクはどれにしようかな。

私はお刺身定食。

私はかつ丼にしようっと。肉食系だから。このお店は、どの定食セットにも同じ小鉢がついてくるけど、今日は何かな？

オーダーを済ませておしゃべりしていると、料理が運ばれてきました。今日の小鉢は、ほうれん草のお浸しです。

あら、あなたたちにピッタリな野菜よ。その名も「報連相」。テンパリちゃんは、その後、至急の指示を連発する「至急常習犯」に「報連相」してるかな？

ハイ。あれから、ケンカしてる場合じゃないなって思いました。相手もテンパリさんだとすずまりセンパイに言われて、なんだか可笑しくなっちゃった。人を巻き込んだり動かしたりするのが、私の次の目標になりました。

テンパリちゃんは、リーダーになる日が近いかもしれないですね。すずまりセンパイは、若い頃から人を動かすことが得意だったんですか？

若い頃は、抱え込み症候群だったわね。あれは20代半ばの頃。会社で著名人を招く講演会があって、各自役割分担が決まったの。Aさんは演者の候補者をリストアップする、Bさんは会場を予約する、Cさんは外部スタッフと打ち合わせるとか。それぞれが締め切りまでに仕事を終わらせるべきなのに、私はいくつも仕事を抱え込んでしまって締め切り当日になって、上司に「やっていません」と言ったのよ。上司は真っ赤な顔をして、「なんで事前に言ってくれなかったの」ってワナワナしてたわ。

みんなの足並みをストップさせちゃったんですね。

部下が「助けてください」って上司に言えば、上司は助けようがあったのに、自分から報連相しなかったわけ。上司にも同僚にも、さんざん迷惑をかけちゃった。
さらに、テンパリちゃんのような中堅社員になると、上司と部下、後輩とのパイプ役を期待されるの。そのためには、自分の仕事だけでテンパっていてはダメ。チーム全体を見渡せるようになりましょ。

テンパリくんとテンパリちゃんは、深くうなずきながら話を聞き、「できるだけ、ほうれん草を食べようね」と話しています。その様子を見て、「ちょっと主旨が違うんだけどな」と首を傾《かし》げる、すずまりセンパイなのでした。

第6章のまとめ

・3割程度での中間報告を心がけ、やり直しのムダを最小に
・早めに相手の予定を確認し、自分都合で周囲を振り回さない
・状況によっては「NO」が言えるような関係性を築いておこう
・「自分でやったほうが早い」ではなく、指導や育成ができる人を目指そう
・自分のことばかりでなく、チームの状況を把握できるようになろう

第7章

テンパった心を整える「メンタル」の習慣

ワザを磨くだけでは「テンパリ」は防げない!?

ある日の午前中、すずまりセンパイは、うつむきながら廊下を歩くテンパリくんを見かけました。「調子はどう?」と声をかけると、小さな声で返事がありました。

今、訪問先から戻りました。約束した時間に遅れてテンパっちゃって。電車で乗客同士のトラブルがあって、ダイヤが乱れてたんです。理由はどうであれ遅刻ですから、お客様が不機嫌で。その顔が怖くて、心臓がバクバクしちゃいました。

電車の遅延なら不可抗力だわ。本当は不測の事態に備えて、早く出発すべきだったけど、悔やんでも仕方ない。お客様に理由を言って謝ったら、気持ちを切り替えて、落ち着いて商談すればよいの。

商談がまとまらなかったら、どうしよう。心配で今日は眠れません。

景気づけにテンパリちゃんも誘って、ランチをしに行きましょ。気分転換を図るのも仕事のうちよ。

チャットでテンパリちゃんにメッセージを送ると、「今日の午前中はテンパって、落ち込んじゃいました。だけど、2人に会いたいから行きます！」との返事。待ち合わせ場所は、前に何度か行った中華料理店です。

いつもより食が進まない2人。すずまりセンパイは、テンパリちゃんに何があったのか尋ねました。

上司から「新入社員の指導役になって」と頼まれたんです。だけど自信がなくて。自分の仕事はようやくうまく回るようになったけれど、次から次へと仕事が増えてしまうと、またテンパりそうで気持ちの整理がつかないんです。

2人ともいろいろあったのね。でも、落ち込んでいる場合じゃないわ。スポーツと同じく、仕事でも「心・技・体」を鍛えましょ。

「Ｔｏ Ｄｏリスト」とか仕事のやり方が「技」だとしたら、「体」は健康、「心」はメンタルを整えるってことですね。

ボクも強い心を持ちたいな。センパイ助けてくださ〜い。

テンパらない人なんていない

どんなに経験豊かな人でも、年齢を重ねている人でも、テンパらない人はいません。完璧な人間などいないのです。

私は絶対テンパらない、と思っていたとしたら、そのほうが心配です。普段は落ち着いている人でも、どんなトラブル、突発事項が起きるかわかりません。

また、本人は自覚していないのに、周りから「あの人、テンパリさんだよね」と思われている人もいます。その一方で、「自分はテンパリさんだ」と自覚して本書を手に取ったあなたは、それだけで素晴らしく、すでに第一歩を踏み出せているのです。

この本の最後の章になりました。第7章では、テンパったときこそ心がけたいメンタルの整え方についてお話しします。

狭まった視野が広がる「座右の銘」

何か好きな言葉を座右の銘として1つもっておくと、心の支えになります。好きな言葉からパワーをもらいましょう。

座右の銘とは、「自分の心に留めておいて、励ましや戒《いまし》めにする」という意味の言葉です。

テンパってしまうと、どうしても目の前のそのことしか見えなくなってしまいがちですが、人生という旅の中で、今テンパっているのはほんの一瞬のことにすぎません。長い目で見る、ものごとを俯瞰する目を持つことも大切です。

手帳やノートなどに座右の銘を書いておき、折に触れて見返しましょう。心がざわついたとき、落ち込んだとき、ふと我に返ってブレない自分に戻れるような軸をもてるといいですね。ここで、私のおすすめのものをご紹介します。

テンパリさんにおすすめの座右の銘

■「ゆっくり急げ」

――アウグストゥス（ローマ帝国の初代皇帝）

「ゆっくり」と「急げ」は相反するようにも思えますが、急いでいるときこそ用心深く慎重にことを進めることで、いい結果にたどり着くということ。

■「失敗をしない人間は、多くの知っておくべきことを知る機会を失う」

——ジョン・ワナメイカー（アメリカの実業家）

失敗しないよりも、失敗をして得るもののほうが大きい。そこで学び、いかにきちんと次につなげられるかが大事。

■「ダイヤモンドは粘り強く仕事をした一片の石炭である」

——トーマス・エジソン（アメリカの発明家）

どんな宝石でも磨かれなければ美しい光を放つことはできない。人も、おごらず粘り強く努力を続けた人だけに、輝かしい栄光が待っている。

■「我《われ》、仁《じん》を欲《ほっ》すれば、斯《ここ》に仁《じん》至《いた》る」

——孔子（春秋時代の中国の思想家、哲学家）

自分が人を思いやり、愛することのできる人間であろうと欲すれば、すぐにそこに行き着くことができる。

■「脱皮できない蛇は滅びる」

――フリードリヒ・ニーチェ（ドイツの哲学者）

かつての成功体験にしがみついていたら、成長は止まる。変わることを恐れていては何も始まらない。

参考文献：『明日が変わる座右の言葉全書』（青春出版社）、『論語』（岩波文庫）

焦った心を落ち着けるには、まずこれをやる

焦れば焦るほど空回りしてしまう――。心を落ち着けたいテンパリさんにおすすめなのが、深呼吸です。

テンパって頭が真っ白になってしまったとき、息を吸ってゆっくり吐いてみましょう。吐くほうに時間をかけるとより効果的です。呼吸は自律神経をコントロールできる唯一の方法。吐くことで、自律神経のうちの副交感神経が優位になり、リラックスした落ち着いた状態になるといわれています。

心を落ち着かせるもう1つの方法が、最悪の事態を想像すること。

え？　と思われるかもしれませんが、最悪の事態を想像することで、「この程度で済んでよかった」などと思えるのです。たとえば、

・社内の会議に遅刻した→丸ごとすっぽかしたよりマシだった

・今月の営業成績が芳しくなかった→担当から外されずによかった、など。

本当は、もっと前向きに、ポジティブ思考になれるといいのですが、人間、なかなか変われないもの。**だから最悪の状態と比較してホッとするのもいいのではないでしょうか。**

私もかつて、ミスした日やテンパった日は、帰宅してからいつまでもグチグチと考えて落ち込んでいました。そんなときに母が、「その程度で済んでよかったじゃない」と言ってくれたのです。「そう言われてみればそうだな」と心が軽くなったものです。どうしてもポジティブになれない人は、家族や友人など、ポジティブな人に話してみるのもいいかもしれません。

余談ですが、こんなミスから生まれたいい話があります。

10年ほど前に京都の大学の生活協同組合が、誤って本来の約200倍にあたる4000個のプリンを誤発注してしまいました。職員が頑張って近隣の大学の生協に買ってもらったのですが、まだたくさんのプリンが残っていました。そこで事態を知った学生がツイッ

ターで購買を呼びかけたところ、即日完売したというのです。
発注ミスではありますが、思いがけず人の優しさを感じたエピソードですよね。

本来はよくないことではありますが、職場でミスをしてしまったら、チームが一丸となって回復に取り組んだり、**連携して助け合ったりすることで、改めて信頼関係を確認できることもあります。**「雨降って地固まる」ということもあるのです。

テンパる自分を客観視できる効果的な手法

テンパっているとき、俯瞰する目を持つことが大切だとお話ししました。とはいえ、なかなか冷静になれないものです。

普段から自分を客観視できるようにする方法として、「脳内実況」があります。

何かというと、今の状況を解説者になったつもりで面白がりながら実況中継するのです。

「私は今、テンパっています」

「朝、出社してみたらやることが山積み。次々と仕事が増えてきて、どうにも終わりません、どうする私？」

「そんなときに限って、上司から至急お願いしたいと仕事を頼まれました。しかし、その仕事にまだ手をつけていません。上司がこちらの様子をチラチラ見ております……」
「その視線に耐えられません。この状況を打破するには、もはや落ち着くしかありません。トイレに行ってしまいましょう」etc.

いかがですか？　テンパっているときに実況中継してみると、**落ち着きを取り戻せたり、気持ちに余裕が生まれたりします。**ドラマの主人公であるあなたが、トラブルのど真ん中で慌てている様子を、もう1人の自分が見ている視点を持てるからです。最初はそれどころではないかもしれないので、まずはテンパっていないときに実況中継をしてみることから始めてみてはいかがでしょうか。

メンタル面にも効果がある「仕事のワザ」

第3章で解説した「To Doリスト」は、計画を立てるために書くものですが、メンタル面への効用もあります。

テンパったときは、「To Doリスト」を見返してみましょう。タスクが箇条書きしてあるので、**今日やることの全体像を把握することができます。**仕事は無限にあるわけではないのです。それだけでも、冷静になれるのではないでしょうか。

もし、急な仕事が入った場合は、リストに書き足し、優先順位を考え直します。

また、第5章で紹介した「スモールステップ」では、1つ終わるたびにチェックを入れていけば、気分も爽快です。最終的な目標を達成すると、さらに嬉しくなります。

気持ちの切り替えが上手になるコツ

また、テンパったときは散歩などであえて目の前の仕事から離れるのも方法の1つ。**一旦気持ちを切り替えるのです。**環境を変え、外の空気を吸って歩いているだけで、段取りを整理することもできます。

勤務中に散歩はできないという人も、何か理由をつけてでも席を立ったり、自分なりのリフレッシュ法を取り入れたりして、気分転換を心がけましょう。

たとえば、トイレに行く、手や顔を洗ってリフレッシュする、好きな飲み物を自販機やコンビニに買いに行って休憩する、飴をなめる、階段を使う、コピーを取りに行く、ストレッチをする、ハンドクリームを塗る、温かいアイマスクを乗せる、（他の部署などに）

雑談をしに行く――などなど。
休憩も取らずに一気にやろうとすると、心は乱れたまま、テンパリ状態が長引くだけです。ひたすらパソコンに向かって作業をしても、いいアイデアは浮かばず、ミスが増えてしまいます。肩こりや頭痛、眼精疲労にもつながり、仕事のパフォーマンスが落ちるなど、悪循環に。パソコンなどで目を酷使《こくし》している場合、眼精疲労にならないように、1時間に10～15分の休憩が必要だといわれています。**普段から休憩を含めた1時間単位のタイムスケジュールを組むと、仕事にメリハリもつきます。**

テンパってもただでは起きない

テンパる自分を責めたり、落ち込んだりすることもあるでしょう。でもこの章の冒頭でもお話ししたように、だれだってテンパったり、ミスしたりすることはあるのです。

むしろそこから学び、自分の財産にすることができたら、大きな成長につながります。

テンパったりミスをしたりしたら、ＰＤＣＡサイクルを回すことが大事です。つまり、「Plan（計画）」、「Do（実行）」、「Check（評価）」、「Action（改善）」をその都度行うのです。

見方を変えれば、**テンパった数だけ自分の仕事を見直し、改善することができるともいえ**

タイムスケジュールの例

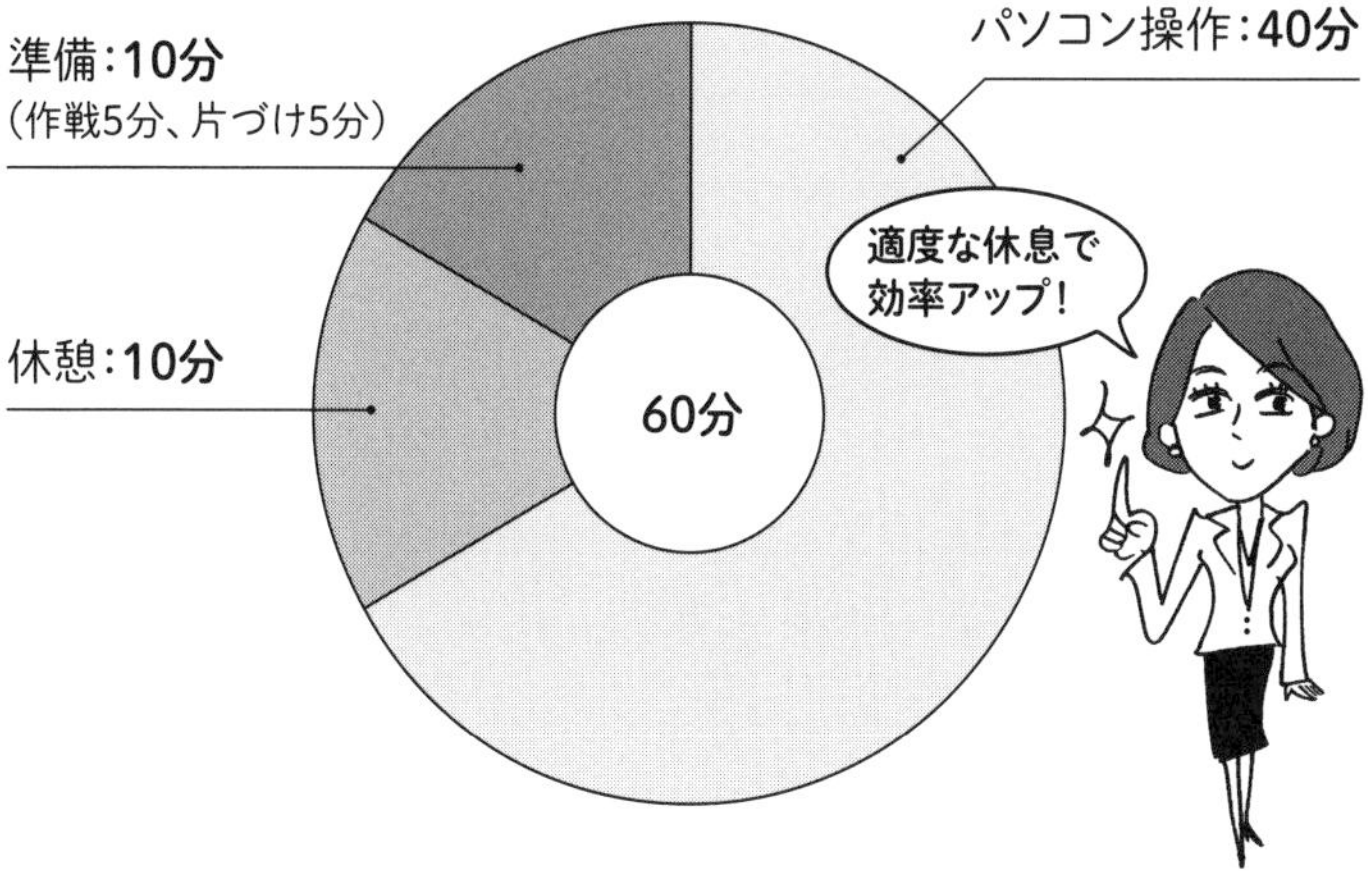

ます。

「あのときがあったから今がある」と、だれでも言える日が必ず来ます。

19ページでわかった自分のテンパリタイプを参考に、自分の弱いところが見えたら、該当する章を特に意識して活用してみてください。自分の弱い部分、苦手な部分からやると効果が現れやすいでしょう。

100点満点である必要はありません。40点を50点にするくらいの気持ちで、1つでもいいので実行してみましょう。必ずいい変化が起こってくるはずです。

だれかと比べてしまう自分を変えるために

職場にはテンパらない同僚がきっといることでしょう。そんな同僚は職場のエースです。上司からも信頼されて、成績もよくて、ちゃっかり定時に退社できたりする。

そんな彼や彼女を見て、あなたはうらやましく思ったり、テンパってしまう自分を省みて悲しくなったりするかもしれません。「なんて私は仕事ができないんだろう」と。

でも、はっきり言います。**そんなスターと自分を比べる必要はありません。**

人は人、と割り切ることも大事です。

今はテンパリさんでも、コツコツ仕事を続ければ、だれだってテンパリの確率は減らせます。ゆっくりでいいのです。いつ伸びるか、いつ変わるかは人それぞれ。それが3年後か5年後かわからないけれど、その積み重ねが実り、花開くかもしれません。

あるいは、異動したとき、転職したとき、周りの環境が変わったときに、歯車が合って、うまく回り出すかもしれません。

「今テンパっている人＝ずっとダメな人」ではないのです。

私も、保険会社時代の先輩に再会したとき、「あの鈴木さんが講師や著者になれたって、みんな不思議がってるのよ」と冷やかされたものです。「あの」という言葉がちょっと嫌味だな～と思ったのですが（笑）、みなさんも汚名返上しようではありませんか。

今はデキる上司やデキる先輩のあの人も、この人も、きっと「ダメ」だった時代、「ダメ」だった経験があったはずなのです。だから、あなたもきっと大丈夫です！

AI時代を生き抜くために最も大切なこと

これから数多くの仕事がＡＩに取って変わっていくといわれています。

でも自分の頭で考える仕事は、ＡＩにはできない、人がやる価値がある仕事です。

そのためにも、デジタル断ちの時間を作り、年齢やキャリアに関係なく思考を磨いておく必要があります。

検索すれば答えがすぐ出てきて、書類やメールをパソコンで作れば、便利な機能が手伝ってくれ、予測変換もしてくれます。実際助けられているのは事実なのですが、その分、考える時間が減っていませんか？　通勤電車の中で、自宅にいるとき、友達や家族と過ごすとき、ご飯を食べるとき、いつでもどこでもスマホを見てしまう習慣はありませんか？

スマホにおすすめされるがままに次から次へと動画を見てしまっていませんか？

最近では、すでにメールや議事録作成といった業務は、ＡＩが丸ごとやり始めています。

ただし、ＡＩはあなたの「Ｔｏ Ｄｏリスト」を作ってはくれません。リストのなかで優先順位も決めてはくれません。あなたの人生は、あなたのものです。自分で歩む方向を決め、失敗や成功を繰り返しながら模索していくしかありません。だからこそ、自分の頭で考えて、仕事のやり方を習得し、習慣化していくことが、テンパリをなくす最強で最短の近道なのです。

エピローグ――「心・技・体」を鍛えて、サラバ「テンパリさん」!

金曜日の夕方。明日はお休みなので、アオハル社の社員たちは「もうひと頑張りしよう」とやる気に満ちています。例の3人組は、18時半にイタリア料理店で待ち合わせ、ディナーをする予定です。5分前には全員集合。これから楽しいひと時を過ごせるでしょうか。

お2人とも、あれからどう？ メンタルは鍛えられたかしら？

残念ながら、あの遅刻した商談は失注してしまいました。でも、「次こそは」って前向きな気持ちで取り組み続けていたら、新規のお客様から声がかかったんです。

おめでとう！ 私は新入社員に仕事を教えてますよ。はじめはロールモデルにならなきゃ、なんて肩肘張っていたけど、もっと気楽にいくことにしました。すずまりセンパイのおかげです。

私は、あなたのロールモデルですものね。

いいえ、ズッコケなところもあっていいんだって気づいたんです。

テンパリちゃんからの期待外れな答えに、すずまりセンパイは少々ガックリ。そこへお店の人がやって来て、3人のグラスにシャンパンを注いでくれました。

今日はテンパリくんとテンパリちゃんの卒業式よ。乾杯しましょ。

なんですか？　卒業式って。
ボクは会社を辞めませんよ。

私もリーダーになることを目標にしたんだから、辞めませんっ！

送別会でなくて、テンパリさんを卒業したってことよ。テンパらないためには仕事のワザだけでなく、メンタルを整えることも大切。2人ともテンパっては感情がコントロールできなくなることがあったけれど、今は自分で気持ちを立て直せるようになった。だから私からのアドバイスは、今日が最後。卒業おめでとう。パチパチ（拍手）。

嬉しいような、ちょっと寂しいような。

これからも同じ社内にいるんだから、何かあったらいつでも相談に来てちょーだい。それにしても仕事って楽しいわ～。こうしてあなたたちと出会えたのも仕事をしているからこそ。2人の成長ぶりを目の当たりにできて、私は嬉しくてタマランチ会長よ。

タマランチ会長って……誰？

テンパリくんとテンパリちゃんは、キョトンとしています。すずまりセンパイお得意の昭和ネタはさておき、2人はサプライズのお祝いがとっても嬉しかったようです。「たまには自分にご褒美よ！」と、ウインクするすずまりセンパイ。今晩は、時間を忘れてはしゃぎたい気分です。そして来週から3人は、さらに元気よく、楽しく仕事をすることでしょう。

最後までお付き合いいただき、ありがとうございました。それではみなさま、ごきげんよう！

第7章のまとめ

- 「テンパらない人なんていない」と心得よう
- 座右の銘を持つことで、窮地に陥ったときの支えになる
- タスクの箇条書きで全体像を把握すれば気持ちが落ち着く
- テンパリやミスを成長の糧《かて》にするマインドを持とう
- 自分の頭で考えて、仕事のやり方を習得することが、テンパリをなくす最強で最短の近道

おわりに

最後までお読みくださり、ありがとうございました。

3人のエピソードは、お楽しみいただけましたでしょうか。

「テンパリくん」と「テンパリちゃん」がやらかした数多《あまた》の失敗談に、「うんうん」「あるある」と共感する読者の方がきっといたでしょう。

そうです。年齢やキャリアに関係なく、だれでもテンパることはあるのです。テンパると、「前もって○○すればよかった」と後悔の念に駆られてしまいます。

この「前もって○○すればよかった」ことこそ、私たちがやるべき「前準備」。

優先順位の決め方、時間配分、時短のワザ、報連相のタイミングなどのポイントをお伝えしましたが、これらのちょっとした「前準備」をするだけで、もう仕事に追われなくなるのです。

この本の中で、「ココはやってみようかな」「試したいな」というところを見つけて、さっそく始めてみてください。

とはいえ、いきなり全部やろうとするとテンパりますから、焦らずゆっくりと。

だれしも今日が人生の中で一番若い日なので、なにかを始めるのに遅すぎることはありません。

子供の頃を思い出してみてください。自転車が乗れるまで何度か練習したのでは？　鉄棒で逆上がりができるまで、何日かチャレンジしましたよね？

仕事も同じく、まずは始めることが大切です。そして続けるうちに習慣になれば、もう怖いものはありません。

多くの職場では、上司も先輩社員も同僚も、みんな忙しくて自分の仕事で手一杯。なかなか他人に仕事を教えたりアドバイスしたりする時間が取れないのが実情です。

「すずまりセンパイ」のようなお節介、おっと、面倒見のいい人には、なかなか巡り合えないかもしれませんので、この本を通して「テンパリくん」と「テンパリちゃん」のごとく、テンパリさんを卒業できる日を目指しましょう。

さて、この本は企画・制作チームで知恵を出し合いながら作りました。

この場を借りて、ドラマの最後に出てくるテロップのごとく、注意書きを添えておきます。

エピソードに出てくる３人の登場人物と企業はフィクションです。実在の人物や団体などとは関係ありません。

「すずまりセンパイ」は「仕事が速く的確」なキャラ設定ですが、実際の私はおっちょこちょいで、今なおテンパることがあります。そういえば一昨日も仕事でテンパったような気が……。

ただ、「仕事は楽しく」がモットーですし、ギャグ好きなところは、「すずまりセンパイ」とそっくりです。

この本をきっかけに、自分の仕事ぶりに磨きをかけて、周りの人から信頼されるようになりましょう。

あなたが公私ともに絶好調な毎日を送ることを願ってやみません。

鈴木　真理子

著者紹介

鈴木 真理子（すずき まりこ）

株式会社ヴィタミンM代表取締役。
東京都葛飾区亀有生まれ。千葉県柏市にて育ち、現在は神奈川県横浜市在住。共立女子大学卒業後、三井海上火災保険株式会社（現三井住友海上）に入社し、9年3カ月間の勤務を経て退職。さまざまな職業を経験した後、ビジネスコンサルタントとして独立。2006年起業し、講師派遣型の社員研修を行う株式会社ヴィタミンMを設立。

企業研修や公開セミナーにおいて数多の失敗談を告白しながら、ミス、ムダ、残業を減らすヒントを提唱している。講師業の傍ら、新聞や雑誌をはじめメディアの取材、ビジネス書の執筆まで幅広く活動中。日本ペンクラブ会員。

主な著書に『絶対にミスをしない人の仕事のスゴ技BEST100』『仕事のミスが激減する「手帳」「メモ」「ノート」術』『「段取りが良い人」と「段取りが悪い人」の習慣』（明日香出版社）など多数。累計24万部を超える。

「ミスなし、ムダなし、残業《ざんぎょう》なし」に変《か》わる！
「テンパリさん」の仕事術《しごとじゅつ》

2023年7月30日　第1刷

著　　者　鈴《すず》木《き》真《ま》理《り》子《こ》
発 行 者　小澤源太郎

責任編集　株式会社プライム涌光
電話　編集部　03(3203)2850

発 行 所　株式会社青春出版社
東京都新宿区若松町12番1号 〒162-0056
振替番号　00190-7-98602
電話　営業部　03(3207)1916

印刷　共同印刷　　製本　大口製本

万一、落丁、乱丁がありました節は、お取りかえします。
ISBN978-4-413-23315-6 C0030
© Mariko Suzuki 2023 Printed in Japan

本書の内容の一部あるいは全部を無断で複写(コピー)することは著作権法上認められている場合を除き、禁じられています。

保健室から見える本音が言えない子供たち
「決められない」「察してほしい」…大人が見落とす心の深層
桑原朱美

100の世界最新研究でわかった
人に好かれる最強の心理学
内藤誼人

しみる・エモい・懐かしい
大人ことば辞典
ことば探究舎[編]

言い換えで、人生が変わる。
中谷彰宏

9割が知らない！売れる「動画」
大原昌人

青春出版社の四六判シリーズ

電車のなかで本を読む
島田潤一郎

図で見てストン！とわかる
日本経済 ポツンと一人負けの本当の理由
間地秀三

あなたの内なる「神の声」を聞く方法☆
一瞬で、幸運へと導かれ、すごい結果が現れる！
佳川奈未

子どもの頭のよさを引き出す
親の言い換え辞典
小川大介

ZerO《ゼロ》理論
人生の問題をすべて解決する奇跡の方式
御堂剛功

お願い　ページわりの関係からここでは一部の既刊本しか掲載してありません。
折り込みの出版案内もご参考にご覧ください。